手把手教你做

内部控制

全流程主要风险及关键控制点

沈彬荣◎著

人民邮电出版社

北京

图书在版编目（CIP）数据

手把手教你做内部控制 : 全流程主要风险及关键控
制点 / 沈彬荣著. -- 北京 : 人民邮电出版社，2022.2（2024.2重印）
ISBN 978-7-115-58151-8

Ⅰ．①手… Ⅱ．①沈… Ⅲ．①中小企业－企业内部管
理－研究－中国 Ⅳ．①F279.243

中国版本图书馆CIP数据核字(2021)第248223号

内 容 提 要

　　自2002年萨班斯法案颁布以来，上市公司、国有企业或其他大型企业已经建立了较为成熟的内部控制体系。但是目前大部分解读或指引均是以大型企业为背景，广大的中小企业很难借鉴实行。在实际管理过程中，中小企业建设内部控制体系有着较大的难度。为了帮助中小企业建立适合自身发展阶段的内部控制体系，本书根据内部控制指引的框架结构，选取了企业经营过程中最重要的管理循环，包括销售管理、采购管理、人力资源管理、财务管理和资产管理等。本书全面介绍了各管理流程中存在的风险点和适合中小企业应用的控制措施，从而帮助中小企业管理者了解内部控制体系设计中的细节和关注点，建立切实可行并且可落地的内部控制体系。

　　本书适用性强，涵盖了大量通过一线内部控制建设咨询项目总结而成的控制措施，是企业管理者建立切实可行的内部控制体系的实用手册。除了企业管理者外，本书还适合企业内部控制部门员工、内部控制咨询从业者以及对内部控制感兴趣的读者阅读和学习。

◆ 著　　　　　沈彬荣
　　责任编辑　　刘晓莹
　　责任印制　　彭志环
◆ 人民邮电出版社出版发行　　北京市丰台区成寿寺路 11 号
　　邮编　100164　　电子邮件　315@ptpress.com.cn
　　网址　https://www.ptpress.com.cn
　　涿州市般润文化传播有限公司印刷
◆ 开本：700×1000　1/16
　　印张：15.25　　　　　　　　　　2022 年 2 月第 1 版
　　字数：197 千字　　　　　　　　2024 年 2 月河北第 12 次印刷

定价：69.80 元

读者服务热线：(010)81055296　印装质量热线：(010)81055316
反盗版热线：(010)81055315
广告经营许可证：京东市监广登字 20170147 号

前言

自 2002 年萨班斯法案颁布以来，上市公司、国有企业或大型企业等已经建立了较为成熟的内部控制体系。但是目前大部分解读或指引均是以大型企业为背景，中小企业很难借鉴实行。在实际管理过程中，中小企业建设内部控制体系有着较大的难度。虽然 2017 年财政部颁布了《小企业内部控制规范（试行）》，但是其也无法真正在实务中指导中小企业建立可落地、可执行并且符合成本效益原则的内部控制体系。中小企业在内部控制体系建设过程中每一个流程均有许多控制点需要特别关注。

因此，多年的知识积累和内部控制咨询项目经验，浓缩成这本书奉献于您的面前，本书行文深入浅出、图文并茂，将枯燥生硬的理论知识用诙谐幽默、浅显直白的口语娓娓道来。本书抛开深奥的理论化条文，除了必备的基础理论知识介绍外，绝不贪多求全，特别强调实务操作、快速上手，绝不囿于示意与演示，更注重实战展示——从如何建立流程框架、流程细分到每一个关键控制点的设计——你学到的是完全真实的、可切实操作的各管理流程内部控制建设指引。相应跟随着本书的介绍，您对内部控制甚至是企业的理解一定更加全面、深入。

因受作者水平和成书时间所限，本书难免存有疏漏和不当之处，敬请指正。

本书在编写过程中，得到赵胜先老师很大的帮助，他是广东东才会计师事务所高级合伙人、中国注册会计师，长期从事内部控制及风险管理、审计和咨询实务工作，在企业风险管理、战略管控，内部控制诊断、制度涉及与实施等方面拥有丰富的实务经验。

本书特色

1. 符合中小企业管理实践

本书内容涵盖了中小企业管理的方方面面，包括销售管理、采购管理、资产管理、财务管理、人力资源管理和其他重要管理流程。每个流程中的关键控制点介绍也十分贴合中小企业的管理实践，每一个关键控制点均能在中小企业予以落地实施并能满足流程管理目标。中小企业管理者可以将各控制点与公司管理实践相匹配，查漏补缺，切实提升公司管理能力。

2. 近百项咨询项目经验总结

本书各关键控制点除了来源于法规、指引或者其他资料外，大部分来源于近百项咨询项目的经验总结。通过对近百个咨询项目成果的提炼总结，形成了适用于各管理流程的内部控制建设指导。所有内容均是经过了超过十家以上不同行业的企业验证并且证明适合于各行业企业，尤其是中小企业的。从实施成本角度，本书对于中小企业内部控制体系实施的建议也完全在企业可承受的范围之内。

3. 引入工具包，提升读者的可操作性

本书除了按照流程框架对各流程风险和关键控制点进行介绍之外，还详细介绍了内部控制相关工具包的概念、内容和编制说法。在阅读过程中，不仅让读者了解各流程内部控制体系的内容，也能通过对于工具包的学习将内容通过手册或者制度的形式予以固化，保证了内部控制体系的运行效果。

本书内容及体系结构

第1章　什么是内部控制

本章从不同的视角对内部控制概念和内部控制相关的概念进行了解读，引导读者思考内部控制理论与实际运用之间的差距，了解这些差距形成的原因。通过对本章的学习，读者将会对内部控制概念有新的认识，并且在具体内部控制流程设计中加以运用。

第2章至第8章　各流程主要风险及关键控制点

上述章节对各项管理的主要风险和关键控制点进行介绍，涵盖采购管理、销售管理、财务管理、资产管理、人力资源管理和其他重要管理流程。各管理流程除了关键控制点的相关描述之外，同时涉及流程实际执行过程中遇到的难点和应对方案。部分章节还引用了实际案例并进行深入分析。学习上述章节，读者可以掌握各项管理流程内部控制的设计方法并可以直接运用到企业实际管理过程中。

第9章至第11章　内部控制工具

上述章节对内部控制相关的管理工具进行了详细介绍，包括内控手册、管理制度和内控评价。各章节对管理工具的概念、包含要素和操作方法等进行了深入的阐述，部分重要文档也在本书附件中提供了相应模板。通过对上述章节的学习，读者可以初步掌握内控手册编制、制度编制和内控评价实施的要点和方法，通过不断地练习加强熟练程度，保证内控流程的有效落地。

第12章　数字化时代下的内部控制

本章对数字化变革对企业的挑战和应对进行了详细介绍，传统的内部控制体系已经无法适应时代的变化。通过本章的学习，使读者了解数字化时代究竟给内部控制带来了哪些挑战和方法，基于对数字化时代的认识，中小企业如何在有限的财力和人力的条件制约下做好准备，迎接数字化的变革。

目录

第1章
什么是内部控制

第 4 章
销售管理主要风险及关键控制点

第 5 章
人力资源管理主要风险及关键控制点

第 6 章
财务管理主要风险及关键控制点

第 7 章
资产管理主要风险及关键控制点

第 8 章
其他流程主要风险及关键控制点

第 9 章
内部控制体系成果的编制方法

第 10 章
企业制度的编制方法

第 11 章
内部控制自我评价的思路和方法

第 12 章
数字化时代下的内部控制

第 1 章 | 什么是内部控制

自 20 世纪 40 年代内部控制作为一个完整概念被提出以来，内部控制理论经历了内部牵制、会计控制和整合框架阶段。2002 年，《萨班斯法案》的颁布加快了内部控制理论和实践的发展。我国自 2008 年颁布《企业内部控制基本规范》至今，大部分大型企业已经根据《企业内部控制基本规范》的要求建立了内部控制体系。

内部控制体系建设需要企业全体员工参与，每一位员工都必须了解内部控制的定义和相关概念。虽然目前内部控制体系建设过程中的一些问题无法通过理论框架解决，但是熟悉内部控制相关理论可以帮助企业建立合适的内部控制体系。

1.1 内部控制的一些基础知识

根据美国反虚假财务报告委员会下属的发起人委员会（The Committee of Sponsoring Organizations of the Treadway Commission， COSO）在 2013 年发布的《内部控制整合框架》，内部控制的定义如下："内部控制是一套流程，受组织的董事会、管理层和其他员工所影响，被设计并用来为组织提供合理保证，使其实现运营，报告和遵循目标。"我国于 2008 年颁布了《企业内部控制基本规范》，其第三条对内部控制的定义如下："本规范所称内部控制，是由企业董事会、监事会、经理层和全体员工实施的、旨在实现控制目标的过程。"

我国在《内部控制整合框架》的基础上，结合我国企业管理的实际情况，在"三目标"的基础上扩展了资产安全和促进企业实现发展战略，形成了以"五目标"为核心的内部控制定义。

1.1.1 内部控制五要素模型

《内部控制整合框架》不仅给出了内部控制的定义，还提出了内部控制五要素模型。内部控制五要素包括内部环境、风险评估、控制活动、信息与沟通和内部监督。

内部控制五要素不是割裂的个体，而是存在互相影响的逻辑关系的整体。内部环境是内部控制体系有效运行的基础，内部环境的好坏直接决定了内部控制体系的运行是否有效。风险评估和控制活动是内部控制体系运行的核心。企业既需要识别在经营过程中可能影响战略目标实现的各类风险，还需要在风险识别的基础上运用定量和定性的评估方法开展风险评估，结合风险承受度选择恰当的风险管理策略和控制活动。信息与沟通是内部控制体系有效运行的强力保障。风险评估和控制活动的结果需要通过信息与沟通来反映，内部环境的要求也需要通过信息与沟通来传递。内部监督保证了内部控制体系的闭环管理，企业需要通过定期与不定期的内部监督对内部控制体系运行的有效性进行评价。

1. 内部环境

根据 2013 年框架修订"控制环境包括了组织正直和道德的价值观；促进董事会行使公司治理的监控职责的机制；吸引、开发和保留人才的机制；严格的绩效衡量、激励和汇报机制以保证绩效实现"。

相较于《内部控制整合框架》对内部环境因素的分析，《企业内部控制基本规范》对内部环境的因素进行了更详细的描述。依据《企业内部控制基本规范》，内部环境在企业管理中主要包括治理结构、组织结构、授权管理、内部审计、人力资源政策与实务、员工和企业文化等因素。

2. 风险评估

《内部控制整合框架》和《企业内部控制基本规范》都未明确风险的定义。因此，本书援引 COSO 在 2017 年版本的《全面风险管理框架》中对风险的定义，即风险是事项发生并影响战略和业务目标之实现的可能性。相较于 2004 年版本的《全面风险管理框架》，在 2017 年版本中，COSO 对风险的定义进行了修订。2004 年版本的《全面风险管理框架》对风险的定义如下："风险是一个事项将会发生并给目标实现带来负面影响的可能性。"风险评估包含风险识别、风险评估和风险应对 3 个阶段。

风险识别要求企业根据设定的战略目标，识别与目标实现相关的外部风险和内部风险，确定企业的风险承受度。对于已经识别的风险，企业应从风险发生的可能性及影响程度两个维度进行评估，并对风险进行分析和排序，确定重点风险。根据风险评估结果，企业要综合运用风险规避、风险降低、风险分担和风险承受等应对策略，实现对风险的有效控制。但是在企业内部控制体系建设过程中，风险评估阶段存在部分难点无法得到有效克服的情况具体如下。

（1）风险承受度无法确定。

法律赋予了公司独立的人格，公司可以独立地享有权利和承担义务。根据《中华人民共和国公司法》，公司做出意思表示的决策机构根据事项类别和公司内部权限设置可细分为股东大会、董事会和经理层。**确定风险承受度的首要难点是内部控制理论未明确风险承受度由哪一层级决策机构决策。**

确定风险承受度的次要难点在于不同个体的风险承受度如何转化为公司的风险承受度。假设股东大会作为公司的最高权力机构可以代表公司来确定风险承受度，但是风险承受度的决策过程不同于经营事项的决策过程。经营事项的决策可以以各个股东所持股份的比例为依据进行，当某一事项的"同意"比例超过既定标准时，该决策则生效，并受到法律的保护。**风险承受度应是一个具体的数值，无法将某一股东的风险承受度乘以该股东的股份比例作为该股东的风险承受度，再通过简单的加权求和的方式确定公司的风险承受度。**

（2）风险无法量化。

根据内部控制理论，风险是一种可能性，与可能性相关的另一概念是不确定性。不同的专业领域对可能性和不确定性的关系有着不同的见解，但是有一点达成了共识，即可能性可以量化、不确定性无法量化。著名的管理学家彼得·德鲁克曾经提到："如果不能衡量，就无法管理。"这句话同样适用于企业内部控制体系建设。

事实上，企业在实际运营过程中往往面临着许多不确定性。以应收账款信用风险为例，以目前的风险评估技术，企业无法准确计算某一客户的违约概率。由于非金融企业的数据量较少，企业也无法准确计算应收账款作为一个信用组合的违约概率。违约概率的缺失导致企业无法通过信用风险计算模型计算出信用风险的具体数值并对信用风险加以管理。

风险承受度和风险量化成了企业内部控制体系建设过程中需要克服的难点，但目前内部控制理论尚未提出完善的解决方案。

案例——"淋雨"的内部控制

案例背景：部分人最厌恶的场景之一就是被雨淋湿，因为这会对其形象造成不利的影响；为了保持完美的形象，这些人的目标就是不淋雨。

目标：不淋雨。

风险：下雨时在室外；由于此案例源于生活，其风险识别过程相对简单。

风险评估：根据内部控制理论，从风险发生的可能性和潜在损失两个方面评估风险。

（1）评估风险发生的可能性，分别评估在室外的概率和下雨的概率，根据统计学原理，将两者相乘将得到下雨时在室外的概率。以极端情况为例，当天都在室内，在室外的概率为 0，无论是否下雨都不影响目标的实现；但如果当天都在室外，则在室外的概率为 100%。

下雨的概率可以参考天气预报的降水概率，天气预报会给出较为准确的降水概率。例如，根据天气预报，某天各个时间段的降水概率如下：8 点—10 点，60%；10 点—12 点，40% 等。

（2）评估风险发生的潜在损失。例如当下暴雨时，形象损失的程度可能是 100%；当下蒙蒙细雨时，形象损失的程度可能是 5%。

（3）计算评估结果并与自身的风险承受度相匹配。一般情况下，不同的人对形象损失的风险承受度不同。比较关注形象的人对形象损失的风险承受度为 0，有些人对形象损失的风险承受度为 20%。风险评估完成后，根据评估结果选择风险应对策略。根据风险评估结果，人们可以选择以下应对策略。

规避风险：不出门。

降低风险：带伞出门。

承受风险：淋雨。

转移风险：委托他人出门。

一般情况下，大部分人会选择降低风险的策略，即随身带一把伞以防止淋雨。请试想以下两种情况会对风险应对策略的选择产生怎样的影响，分别是伞的重量是 2 千克和伞的重量是 200 克。

3.控制活动

控制活动一般可以分为不相容职务分离控制、授权审批控制、会计系统控制、财产保护控制、预算控制、运营分析控制和绩效考评控制。但是随着内部控制在企业中的快速发展，企业实际采用的控制活动已经不局限于此 7 种。此外，上述 7 种控制活动主要集中于操作层面，很多企业通过改变管理机制或者商业逻辑，可以直接降低或消除部分风险。

案例——"分粥"的故事

有 7 个人被关在一个监狱里，他们每天的伙食只有一桶粥，而且很显然这一桶粥是不能让这 7 个人都吃饱的，那究竟要如何分粥才能公平公正呢？

方法一：指定一人负责分粥事宜，让其成为专业分粥人士。

方法二：指定一名分粥人士和一名监督人士。

方法三：谁也信不过，干脆大家轮流分粥。

方法四：大家民主选举出一个信得过的人分粥。

方法五：民主选举出一个分粥委员会和一个监督委员会，形成民主监督和制约的机制。

方法六：若有任何人觉得分粥不公平的，可以使用一票否决权，此时就由分粥人重新进行分粥直至没有人提出疑义为止。

方法七：每个人轮流分粥，但分粥的那个人要最后一个领粥。

最公平公正的分粥方法是方法七。在这个方法下，分粥的人将会尽量保证所有人分得的粥都是同样的量，因为如果分粥人存在分粥不均的情况下，由于分粥人只能最后一个挑粥，那相对较少的一碗粥一定会保留到最后。其他方法可能由于执行人串通一气、执行效率低等无法有效实施。当机制层面的问题解决之后，有些风险自然而然地就会消失了。

本案例有一个非常重要的假设是分粥的行为是在没有计量工具的前提下开展的。但是当这 7 个人有一个电子秤，甚至有一个分粥机器人的时候，公平分粥将会变得非常简单。

4. 信息与沟通

信息与沟通要求企业建立内部和外部各类信息的搜集、加工和报告的方法。除此之外，结合我国国情，信息与沟通还要求企业建立反舞弊与举报机制。

5. 内部监督

内部监督要求企业建立内部审计机构，执行日常监督和专项监督工作。对于内部控制体系，企业需要每年开展内部控制自我评价并识别内部控制缺陷，提出改进建议，实现闭环管理。

案例——八达岭野生动物世界"老虎咬人"事件

2016 年 7 月 23 日，八达岭野生动物世界发生"老虎咬人"事件，游客赵某在东北虎园下车遭到老虎攻击，其母周女士下车援救女儿时遭老虎撕咬身亡。此事件引起了轩然大波，公众舆论纷纷把矛头指向了擅自在东北虎园下车的赵某。绝大部分公众认为，在明知东北虎园存在东北虎的情况下，游客擅自下车遭到老虎攻击，应该由游客承担全部责任。游客赵某称："当时下车是因为晕车，加上以为到了安全区，当时看到前后都有私家车，并且在右侧几米处的空地上停有园方的巡逻车。"他们由此产生了错误的判断，认为此处已经没有猛兽，比较安全，于是在此处停车、下车，想要换人开车。谁料他们遭到了老虎的攻击，造成了一死一伤的悲剧。

2016 年 8 月 24 日，延庆区人民政府发表调查报告称："八达岭野生动物世界在事发前进行了口头告知，发放了'六严禁'告知单，与赵某签订了《自驾车入院游览车损责任协议书》，猛兽区沿途设置了明显的警示牌和指示牌，事发后工作开展有序，及时进行了现场处置和救援。结合原因分析，调查组认定东北虎致游客伤亡事件不属于生产安全责任事故。"调查组认定事故责任由游客承担，八达岭野生动物世界可能只需承担一些出于人道主义的赔偿。

游客与八达岭野生动物世界究竟孰对孰错，官方调查组已经给出了答案。此事件所反映出的内部控制的相关概念值得我们借鉴和思考。

1. 经营模式决定了企业在经营过程中可能面临的风险

八达岭野生动物世界猛兽区可由游客自行驾车进入，游客可近距离观察猛兽，在对外宣传中，这应该是八达岭野生动物世界吸引游客的特色之一。反观上海野生动物园，游客到了猛兽区之后必须乘坐动物园的大巴车进行参观。大巴车无法打开车窗，司机严禁在途中开门或停车。在现实生活中，一个城市仅有一个野生动物园，经营模式的差异不会导致经济效益的差距。但若两家野生动物园处于同一地区，经营模式的差异势必会影响两家动物园的经济效益。在同等条件下，八达岭野生动物世界的经营模式决定了其所面临的最大风险是游客的安全风险，上海动物园的经营模式决定了其所面临的最大风险可能是市场风险。在实际经营过程中，同一类型的企业可能由于经营模式的不同，所面临的主要风险也不同，相关人员在进行企业内部控制体系设计时一定要充分理解并考虑经营模式的影响，识别企业所面临的主要风险。

2.管理层风险偏好决定控制措施

在进行内部控制体系建设之前，企业需要在确定管理层的风险偏好的基础上进行风险识别、风险评估、风险应对等一系列风险管理活动。若管理层属于风险厌恶型，则管理层有着较低的风险承受度。在内部控制体系设计的过程中，管理层可能投入更多的资源对风险进行控制。反之，若管理层属于风险偏好型，由于风险承受度较高，其对风险可能仅采取部分控制措施或不采取任何措施。

在"老虎咬人"事件中，谁的风险偏好能作为动物园管理层风险偏好成为一个值得思考的问题。是动物园园长、动物园管理委员会，还是动物园的上级主管部门？类似地，企业同样面临谁的风险偏好能决定企业的风险偏好的问题。是股东、债权人，还是高级管理人员？企业管理层应平衡各利益相关者的诉求，以便识别适合企业的风险偏好。

3."目标—风险—控制"内部控制的建立思路

如上文所述，八达岭野生动物世界的经营模式决定了安全运营目标是其管理层需要重点关注的目标。在企业管理层层面确定了安全运营目标之后，企业职能部门需要根据管理层的风险偏好确定具体的安全运营指标。例如，在明确了管理层的风险偏好后，职能部门制定了每年动物伤人事件不超过 5 起，每年动物伤人致人伤亡的人数不超过 2 人等安全指标。

确定了安全运营指标后，职能部门应识别影响目标达成的各类风险，例如事件中提到的游客在禁止下车的地方自行下车造成事故发生。针对这一特定风险，职能部门可能需要参照在先前经营过程中发生的类似事件，来评估该风险发生的可能性与可能产生损失的大小。例如根据历史数据，动物园野生区发生动物伤人致人死亡的概率为3人/百万人。若每年动物园参观人数恰好为100万人，则预计发生动物伤人致人死亡的人数为3人，这与职能部门设定的安全运营指标不符。职能部门就需要加强控制，例如采取树立更多的警示牌、建立防护隔离网等措施，以保证安全运营目标的实现。反之，若动物园野生区发生动物伤人致人死亡的概率仅为0.5人/百万人，则动物园不需要新增控制措施即可保证安全运营目标的实现。

4. 成本效益原则——内部控制体系建设的特殊考虑

《中华人民共和国旅游法》要求旅游景点必须进行安全风险评估方可对外经营。动物园作为一处旅游景点，无论是动物园管理层还是监管机构，对动物伤人致人死亡都应该是零容忍的。这是否意味着动物园要花非常多的资金和资源来控制这个风险？这里就涉及内部控制体系中最为关键的原则——成本效益原则，成本效益原则指的是内部控制应当权衡成本与预期效益，以适当的成本实现有效控制。

也许有的人会产生疑问，既然风险偏好已经决定对风险零容忍了，那多设计一些控制措施来控制风险又有何错呢？动物园可以增加警示牌、建立防护隔离网、安排专人专车在景区进行不间断的提醒，这些控制措施都能保证安全运营目标的实现。但此时的控制措施是否多余，是否浪费了企业的关键资源将会是管理层后续需要评估的问题。

1.1.2 财务报告内部控制和非财务报告内部控制

《企业内部控制审计指引》第四条的规定如下："注册会计师应当对财务报告内部控制的有效性发表审计意见，并对内部控制审计过程中注意到的非财务报告内部控制的重大缺陷，在内部控制审计报告中增加'非财务报告内部控制重大缺陷描述'段予以披露。"

　　财务报告内部控制的概念源于美国，美国证券交易委员会（United States Securities and Exchange Commission， SEC）对财务报告内部控制（Internal Control over Financial Reporting）的定义如下："财务报告内部控制是指由公司的首席执行官、首席财务官或公司行使类似职权的人员设计或监管的，受到公司的董事会、管理层和其他人员影响的，为财务报告的可靠性和满足外部使用的财务报告编制的符合公认会计原则提供合理保证的控制程序。"

　　财务报告内部控制与非财务报告内部控制的分类有助于界定审计师对于内部控制单独发表审计意见的责任。**但是以内部控制与财务报告的相关度作为内部控制的分类依据对企业建立内部控制体系不具备较大的指导意义。因为财务报告内部控制和非财务报告内部控制的分类在企业实际的内部控制体系建设过程中还存在着部分难点，具体如下。**

　　（1）内部控制五要素难以进行划分。

　　根据法规要求，审计师需要对财务报告内部控制发表意见，结合内部控制五要素模型，企业需要将内部控制五要素划分为财务报告要素和非财务报告要素。但是在企业运营过程中，除了控制活动相对可以进行划分外，内部环境或者信息与沟通均是在企业作为一个整体存在的，无法按照是否与财务报告相关进行明确区分。

　　（2）财务报告内部控制风险评估难以统一。

　　根据内部控制五要素模型，企业需要识别影响战略目标达成的各类风险，并且通过风险评估采取控制措施，以将风险降低至可承受的范围内。风险识别、风险评估和风险应对都是企业的内部管理行为，但是当审计师参与财务报告内部控制时，上述行为就由内部管理行为演变成了外部监管行为。**审计师的风险承受度与企业的风险承受度不可能一致，且审计师对风险的认知和控制措施的建议也与企业不尽相同。**出于法规的要求，审计师必须对内部控制体系的有效性发表意见，包括设计有效性和执行有效性。出于无保留意见审计报告的需求，企业往往会接受审计师对内部控制的优化建议。

　　审计师在进行内部控制体系建设或审计时，以类似行业、相同业务模式的成熟企业作为标准。**如果企业仅想满足资本市场对内部控制体系建设的要求，则仅在一些关键的控制点上参考标准进行设计就能满足监管机构的要求。对于财务报告相关的内部控制，其边界相对清晰；而对于非财务报告相关的内部控制，其边界往往就模糊不清。**以供应商准入流程为例，其具体包括供应商提出准入申请、相关部门对供应商准入申请进行审核、相关部门领导审批、产品试用、试用结果审批、供应商入围合格供应商名录。当一个企业建立了上述流程并且在相关表单上都留下了与制度相符的审批记录时，作为企业管理者、中介机构，能否回答企业在供应商准入的环节已经建立了完善的内部控制流程，并且内部控制执行有效这一问题呢？

　　供应商准入流程设计的目的是有效筛选合格供应商，保证供应商后续的供货能力或者供货质量。但建立了供应商准入流程是否表明该企业实现了该流程的目标，答案显然是否定的。如果仅为了流程而签字、审批，浪费的是大家宝贵的时间。供应商准入的核心是准入评价表单的设计，包括评价维度、打分方式、结果运用方式等，而不在于流程本身。因此，仅建立流程是不足以保证该流程相关控制目标的实现的。

　　对外部咨询者而言，其关注点仅在于流程本身；而对企业内部控制从业者而言，内部控制的边界会被无限放大，要想做好、做精一个流程，必须精通与流程相关的所有专业知识，否则设计出来的流程就只是徒有其表。随着在企业工作的时间的增长、流程的逐渐完善，企业内部控制从业者会觉得自身的价值越来越低。

1.2 外部利益相关者对内部控制的观点

目前内部控制理论研究更多的是从细分行业、细分职能或者风险预警方面开展的更深入的研究。但是内部控制理论在企业内部控制体系建设中仍存在着部分难点，主要体现为与内部控制相关联的各方对企业内部控制体系建设的看法存在差异。

1. 外部咨询公司

企业出于加强外部监管的需求或者提高内部管理水平的需求开展内部控制体系建设。内部控制体系建设涉及企业的每一位员工，且具备一定的专业性。基于企业的需求，行业内出现了与内部控制相关的咨询业务。作为一位咨询顾问，从入行之日起我就一直问自己，内部控制对企业的作用究竟是什么。伴随着咨询经验的增长，我认为目前在实务中，内部控制的概念等同于企业流程管理。作为外部第三方顾问，在内部控制咨询项目中，我对内部环境、风险评估等咨询难度较大的环节在一定程度上予以了简化，甚至舍弃了部分内容，最终将内部控制体系建设的重点放到了控制措施的设计，也就是流程的设计上。

外部咨询公司在咨询过程中还会面临内部控制边界无法确定的问题。例如，以供应商准入流程为例，企业应建立供应商准入调查与审批制度，以保证供应商符合企业对产品质量、交期或者价格等的要求。在实际执行过程中，一般先由供应商提出准入申请，采购部门组织研发部门、质量部门和财务部门等对该供应商开展考察和评估，最终将评估结果提交给企业领导层审批，审批通过后，该供应商将入围合格供应商名录。例如在相同情况下，当一个企业建立了上述流程并且在相关表单上都留下与制度相符的执行记录时，外部咨询公司能否向企业领导层发表该环节内部控制运行有效的结论呢？

从目标角度出发，供应商准入流程的目的在于有效筛选合格供应商，保证供应商后续的供货能力或者供货质量。影响该目标实现的风险可能是企业未全面了解供应商的各类能力，导致企业与不合格的供应商进行合作。若内部控制体系建设仅仅停留于流程层面，那一定是对企业资源的巨大浪费。供应商准入的关键控制环节是供应商准入评价标准的设计和评价标准的运用，仅建立流程本身不足以保证该流程相关控制目标的实现。

作为第三方咨询机构，如何把握内部控制的边界，在内部控制体系建设的效果和投入的项目成本之间达成平衡，成了外部咨询公司需要面对的难题。

2. 注册会计师

注册会计师主要关注财务报告内部控制，财务报告内部控制仅属于企业内部控制中很小的一部分。风险导向审计经过多年的发展，已经逐步形成了适用于各行业、各科目的控制措施模板。注册会计师在进行财务报告内部控制测试时，应根据企业的实际运营状况从模板中挑选出适合的控制措施，并要求被审计单位根据模板改进。

3. 外部监管者

鉴于 2001 年爆发的安然事件，为了保证公众公司的财务信息准确、可靠，监管者要求所有公众公司均需要建立内部控制体系并定期对内部控制的运行有效性开展评价、接受注册会计师的审计。外部监管者要在 IPO 审查过程中或者后续的监管过程中重点关注企业内部控制运行的有效性。其中，公众公司是指向不特定对象公开转让股票，或向特定对象发行或转让股票使股东人数超过 200 的股份有限公司。

1.3 内部控制的认知误区

由于外部利益相关者，尤其是企业管理者对内部控制的认识不够深刻，他们容易对内部控制产生一些误解或者存在一些认知误区，具体如下。

1. 误区一：只要建立了内部控制体系就能防范一切风险

内部控制理论对内部控制的固有局限性进行了明确的阐述，内部控制的固有局限性主要包括：①在决策时，人为判断可能出现错误和因人为失误而导致内部控制失效；②内部控制可能由于两个或更多的人员串通或管理层不当地凌驾于内部控制之上而失效；③内部行使控制职能的人员的素质不适应岗位要求也会影响内部控制功能的正常发挥；④被审计单位实施内部控制的成本效益也会影响内部控制的效能；⑤内部控制一般都是针对经常或重复发生的业务设置的，如果出现不经常发生或未预计到的业务，原有内部控制可能就不适用。

内部控制固有局限性的存在代表着内部控制体系不可能防范企业在经营过程中面临的一切风险。例如，某零售企业财务部销售会计负责对经销商订单进行审核，审核的主要内容是销售订单内的搭赠政策是否与企业的规定一致。由于每天需要审核的销售订单多达上百份，每家经销商适用的搭赠政策又不一致，每个月都会出现个别订单因为销售助理录入错误、销售会计审核通过的情况，导致企业遭受了部分经济损失。有的企业管理者可能会非常不解，企业已经按照内部控制的要求建立了授权审批控制，为什么还会出现损失。真正的原因在于内部控制具备固有局限性，上述案例便描述了因人为失误而导致的内部控制失效。

2. 误区二：内部控制没什么用

很多企业管理者，尤其是处于快速发展阶段的中小企业管理者认为内部控制仅仅是为了应付监管机构，对企业的管理无法产生价值，甚至还会阻碍企业的日常经营。实际上内部控制的主要作用是防范企业在经营过程中可能面临的各种风险。当一家企业建立了完善的内部控制体系时，很多经营风险在萌芽阶段就由于内部控制体系的有效运行而被消除。内部控制体系在企业发展过程中起保驾护航的作用，不同于销售或者采购管理方面的优化，可以直接从销售收入或者成本降低方面直观地展示管理水平的提高。因此，企业管理者通常会认为内部控制没什么用，但如果没有完善的内部控制体系，企业可能将遭受重大损失。

3. 误区三：企业管理层不需要执行内部控制

部分企业所有者或者高级管理人员认为内部控制是用于约束员工的，自己不需要遵守内部控制的要求。**但在大部分企业中，风险事件的发生不是因为内部控制体系的缺失，而是因为内部控制未得到有效执行。内部控制未得到有效执行的原因之一是企业所有者或者高级管理人员不遵守内部控制的要求。**

我曾经在项目现场与一位企业所有者沟通内部控制问题，正巧遇到该企业的营销总监急匆匆地找到该企业所有者称：某客户急需企业的产品，现在销售合同尚未签订，由于该客户是企业长期合作的重要客户，申请在合同尚未签订时优先发货。该企业所有者在了解了缘由后，毫不犹豫地在出库单上签了字，完全忘记了《销售管理制度》中"任何客户未签订销售合同一律不得发货"的规定。企业所有者在企业管理过程中过多地为所谓的"特例"开"绿灯"，将会使员工产生内部控制没有必要，有问题直接找该企业所有者特批的思想。

1.4 信息技术与内部控制

大数据、云计算、财务共享等新技术已经在大型企业中发挥了重要的作用，随着这些新技术的运用，内部控制体系在这些企业中也发生了重大的变化。一方面，传统内部控制体系已经无法在企业内使用，相关风险已经通过信息技术进行控制。另一方面，信息技术的运用使得企业不得不面临一些新的风险。目前，信息技术的运用将会替代一些陈旧的内部控制体系，企业在内部控制体系建设过程中必须与时俱进。

1.4.1 网络银行的应用降低资金管理风险

提及内部控制体系，"出纳不得领取银行对账单"是多年来一直被公开宣讲的典型的不相容职务分离控制。出纳领取银行对账单、编制银行余额调节表导致内部控制失效的案件比比皆是，最终造成了企业数千万元甚至上亿元的损失。出纳领取银行对账单的内部控制缺陷也成了在内部控制体系建设过程中常被关注的风险。

数十年前，许多出纳舞弊案件就是出纳通过篡改银行对账单或者编制不真实的银行余额调节表来达到隐藏犯罪行为的目的。随着网络银行技术的发展，目前企业无须去银行领取纸质银行对账单，仅需登录网银系统操作对账即可。一般网银系统存在两级密钥，包括经办密钥和复核密钥。出纳保管经办密钥，会计或者财务经理则可以通过复核密钥登录网银系统，查询账户余额与财务账上银行存款是否一致。网络银行的应用降低了企业资金管理的风险。查询近年来法院判决书中职务侵占罪或者挪用公款罪的判决文书可知，出纳舞弊案件的数量较若干年前已经大幅减少。

此外，网络银行的大范围应用也影响了银行余额调节表的使用和现金的管理流程。此前，由于银行转账无法实时到账，每月月末部分资金在途导致银行账户余额与财务账上的货币资金余额不一致。企业需要在每月月末编制银行余额调节表，对由于银行已收企业未收、银行已付企业未付等造成的资金差异进行调整，经过财务经理审批后归档保存。目前，企业的所有转账基本通过网络银行完成并且实时到账，企业在每月月末一般不会存在由于企业和银行的信息差造成的未达账项，银行余额调节表逐渐不再适应企业的管理现状。

网络银行的大规模应用也在一定程度上降低了现金的使用频率，现金管理流程中对现金的收取、支付、日常保管和盘点等的管理要求也逐渐不再适用企业的管理现状。

1.4.2 电子承兑汇票的应用降低企业票据管理风险

5年前，所有的银行承兑都是以纸质票据的形式存在的。由于承兑汇票的货币属性，企业在承兑汇票的收取、贴现、背书转让和票据的日常保管等方面均需要建立内部控制体系，以降低票据管理的风险。但是至2020年，电子承兑汇票已经大部分取代了纸质承兑汇票。电子承兑汇票的应用大大降低了企业票据管理风险。

在票据收取环节中，纸质承兑票据存在票据伪造或者业务员将收取的票据占为己有的风险。但是电子承兑汇票在对方签发之后将直接发送至收票方系统内，伪造票据或者票据被侵占的风险不复存在。

在票据背书转让环节中，为了保证收票方收到了相关票据，企业会要求收票方委派指定人员携带身份证和加盖公章的授权委托书到企业领取票据。使用电子承兑汇票则避免了票据背书转让的风险。

在票据保管环节中，企业需要建立专门的票据登记簿，并且所有票据的签发、转让等均需要在票据登记簿上登记。财务部门还要定期对库存票据进行盘点并编制盘点表。而电子承兑汇票的管理仅需由出纳登录信息系统，点击查询即可。企业也无须担心承兑汇票到期未进行托收的情况，票据的贴现和背书转让均可以通过系统实现，操作非常简单。

1.4.3 电子印章的应用降低企业印章管理风险

印章管理一直是企业在管理过程中的一个难题，由于企业印章管理不善导致企业承担巨额经济损失的案例数不胜数。尤其是存在大量异地经营业务的企业，大多都缺少应对异地子公司印章管理风险的工具和方法。对于集团型企业，最严格的印章管理措施是将所有印章收至集团总部，子公司需要盖章时便将文件寄送至集团总部，盖完章后通过快递的方式将文件寄回。这种方式虽然在一定程度上控制了印章管理风险，但严重地影响了管理效率。

信息技术的发展也给印章管理带来了新的变革。近年来，有厂家研发了一套印章管理工具，通过将印章和信息系统相结合的方式对印章进行管控。使用该套印章管理工具的企业需给印章加一个印章的"壳"，平时，该印章的"壳"一直属于关闭的状态，当接到系统指令时，该印章外部的"壳"就会打开，才能使用。信息系统可以和企业的印章审批流程衔接，较好地控制印章管理风险。

目前，电子签章技术的大规模应用也将在一定程度上降低印章在使用或保管过程中的风险。

以上讲述的是部分信息技术的应用给内部控制体系带来的影响。目前，区块链技术的应用、电子发票的应用等均对传统的内部控制体系造成了较大的影响。在能预见的未来，企业内部控制措施类型将从目前的以人工控制为主转变为以信息系统控制为主。

1.5 信任与内部控制

曾经有一位内部控制咨询合伙人提到，内部控制存在的前提必然是对人的不信任。但是在企业实际管理过程中，信任他人是无法避免的。在很多民营企业中，企业所有者会指派家族成员担任出纳或者采购等关键岗位，这是因为对家族成员的信任。**此外，减弱内部控制的固有局限性，实现内部控制的有效运行也需要建立信任。**例如，无论印章管理流程多么复杂，企业也只能在一定程度上降低印章保管人滥用印章的风险，但对印章保管人的选择还是基于人与人之间的信任关系。

下面讲述一则由信任引发的舞弊案例。

杭州市余杭区东湖街道小林村原出纳俞某，为填补赌博漏洞，长期、持续套取村级集体资金共 519 万元。2018 年 7 月，俞某被判有期徒刑 7 年，而被追究责任，给予党纪政务处分的还有 7 名和小林村相关的街道责任人。

1996—2007 年，俞某一直是村里的出纳。"工作认真，业务能力也比较强。"这是大多数村民对俞某的评价。但俞某自 2011 年起，利用职务之便，通过取现不入账、取息不入账、修改支票存根的收款金额等方式，套取村级集体资金，数额达 519 万元之巨。按照制度规定，村社每个季度都要盘点库存现金，每个月都要核对现金及银行账户余额。如果认真执行，俞某的违法行为早应浮出水面，何至于隐藏了整整 7 年？

"原因就是用信任代替了监督，导致制度流于形式。"办案人员一针见血地指出了问题所在。

信任和内部控制是相反的行为，如果企业对所有员工 100% 地信任，则企业无须建立内部控制体系。因为对员工 100% 地信任意味着所有员工均是将企业利益至上作为行动准则。当个人利益与企业利益发生冲突时，员工会毫不犹豫地做出有利于企业的决策行为。当企业处于这种状态时，内部控制就显得有些多余。但是此种状态在现实中是不可能存在的，因为**员工的个人目标与企业的整体目标大多不一致，当发生冲突的时候，大部分员工会做出对自己有利的选择。**

与 100% 的信任相同，0% 的信任在企业里也是不存在的。完全不信任将导致流程执行的成本非常高昂。当一个流程发起后，申请人需要提交表单至上级领导审批，企业所有者出于对审批人的不信任，又安排另一个人进行审批的审批，最终导致所有的事情均需要企业所有者进行审批。随着企业规模的扩大，企业所有者不可能参与所有的经营管理活动。此外，部分企业拥有较多的股东，股东与股东之间也存在着信任关系。

因此，在企业管理过程中，企业所有者需要平衡信任与内部控制之间的关系，这样才能保证在风险和效率之间保持平衡。对于中小企业而言，出于人力成本短缺或者人员素质不高的原因，企业所有者更需要找到信任与内部控制之间的平衡点。

信任一般分为几种，包括血缘式信任（兄弟、父母之间）、契约式信任（合作伙伴之间）、了解式信任（同事、同学之间）和无风险式信任（路人之间）。在一般民营企业中，信任主要是基于前两个阶段的信任关系。

大部分中小企业在流程设置或者权限分配过程中考虑得更多的是信任。过度信任可能导致管理失控，使得企业遭受巨大的经济损失。此外，过度信任会造成企业所有者在关键岗位任用家庭成员，导致企业内部存在裙带关系，制约企业的进一步发展。中小企业在设置内部控制流程时要充分考虑企业所处阶段和检查性控制措施的完善情况。

（1）信任程度与企业所处阶段相关。

企业所处发展阶段不同，其面临的经营风险也不同。因此，信任程度应与企业所处发展阶段相适应。初创阶段，生存是其面临的最大风险，而且企业所有者对企业情况了如指掌，这个时候应该给予员工更多的信任。到了快速发展阶段，企业已经有了一定的规模，业务也发展得越来越复杂。这个时候企业所有者就要逐步用内部控制代替信任关系，并且最终实现企业管理的大部分管理都是依靠内部控制进行。

（2）增加检查性控制措施。

控制措施按照事前控制还是事后控制可分为预防性控制措施和检查性控制措施两种类型。中小企业由于人员紧张，无法在事前实施完善的内部控制时，至少应定期执行检查性控制措施，以便能及时发现风险。在俞某的案例中，如果有人能定期执行现金盘点、银行余额核对等检查性控制措施，村集体便不会遭受如此巨大的损失。

阿里巴巴前执行副总裁卫哲曾经分享了阿里巴巴的一个关于孕妇防辐射服的内部控制案例，其中涉及了对人的信任。由于阿里巴巴有很多"80后""85后"女员工，在2006—2008年，这些女员工基本都到了生育年龄。当时，阿里巴巴公司内有很多怀孕的女员工。公司管理层为了体现企业文化，决定给怀孕的女员工每人发放两件防辐射服，单价在300元左右。据统计，防辐射服一年的费用将在50万元左右。虽然这笔钱对阿里巴巴来说是一个非常小的开支，但是涉及资金的支出和实物的管理，公司行政部门出台了防辐射服的领取流程。流程规定，当事人提出申请，经主管批准后可以领取防辐射服。从流程设置的角度来看，上级主管在流程中主要对员工怀孕的真实性进行审核，审核的依据是医院开具的怀孕证明。设计这个流程是出于对员工的不信任，由于担心员工未怀孕领取防辐射服，公司设置了该流程。但是实际情况是怀孕是没有办法造假的，当员工领取了防辐射服后，周围的同事就起到了监督作用，对领取防辐射服的员工形成了较强的约束。最终公司决定取消该流程，取消该流程之后，领取防辐射服的人数并没有显著增加，这进一步说明了该流程的非必要性。

除了防辐射服的例子外，阿里巴巴原先对加班餐费也设置了审批控制流程，当取消了该流程后发现，公司的经营效益反而提升了。当时的审批控制流程规定，员工加班需提出加班申请，经部门主管审批之后可以由部门主管发放加班餐券，加班员工凭券可至食堂就餐。部门主管在该流程中主要对员工加班的必要性和真实性进行审核。但是由于部门主管无法准确判断员工的工作效率，公司也缺乏对加班的解释和定义，部门主管根本无法对员工的加班申请进行有效审核。最终造成每天有几千名员工为想加班理由绞尽脑汁，部门主管每天疲于审批和发放加班餐券，汇总到公司层面，这浪费了大量的价值创造时间，造成了公司的资源浪费。最终，公司选择信任员工取消了该流程，结果是原先 1400 万元左右的加班餐费成本增加至 1500 万元，上涨的 100 万元成本与所有员工耗费的时间成本相比小得多，流程的取消提升了企业的经营效益。

内部控制理论经过多年的发展已经形成了成熟的理论框架。但企业在内部控制体系建设过程中还是会遇到理论无法应用或者问题缺少理论指引的情况，以至于目前在内部控制体系建设过程中，"目标—风险—控制"措施的逻辑成了次要的参照标准。**无论是企业内部管理者、注册会计师，还是内部控制专业咨询公司，主要采用了基于最佳实践的建设思路。由于行业标杆在建立最佳实践的过程中已经完成了风险识别、风险评估和风险应对的工作，最佳实践具有很强的参照性。**

在最佳实践的基础上，企业可以依据风险承受度、"目标—风险—控制"措施的思路对最佳实践进行必要的修改，建立符合企业管理现状的内部控制体系。此外，内部环境在企业内看不见、摸不着，很多观念存在于企业所有者和员工的思想中，一般在内部控制体系建设过程中也不会过多涉及。

第 2 章 | 企业内部控制建设框架

　　本章所讲的企业内部控制建设框架不同于 COSO 发布的内部控制整合框架，指的是企业在内部控制体系建设时可以采用的流程划分框架。虽然所处行业、经营模式等要素不同的企业面临的风险和实施的控制措施不同，但是企业内部控制建设框架并不会因为企业之间的差异而不同。本章将以一般制造企业使用的企业内部控制建设框架作为模板详细介绍内部控制建设框架的整体内容。

2.1 一般制造企业流程划分整体框架

根据一般制造企业的管理理论和最佳实践，企业内部管理流程可划分为 3 类，公司层面、业务层面和管理层面。企业流程划分整体框架如图 2-1 所示。公司层面涉及企业治理结构、组织架构、战略管理、企业文化、社会责任等。业务层面主要包括企业价值创造到价值实现的过程，涵盖产品及技术开发、销售管理、生产管理、采购管理和与业务开展过程相关的资产管理。管理层面包括人事管理、财务管理、投融资管理、信息系统管理等各职能部门涉及的管理流程。

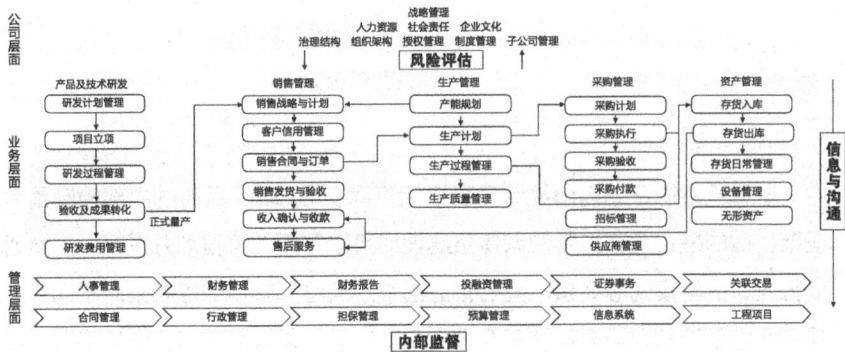

图 2-1　企业流程划分整体框架

处于不同发展阶段的企业所对应的这 3 类内部管理流程的重要程度不同。处于快速发展期的企业，由于企业规模较小，相关职能部门建设不完全，企业管理者可以通过人治来实现对企业的管理。因此，对于处于快速发展期的企业来说，顶层管理流程和支持性流程不是特别重要，更重要的是如何完善业务管理流程，在提高效率的同时防范风险。但是对于处于成熟期的企业来说，情况则完全不同。企业各类业务已运行数年，业务流程相对比较稳定，此时，企业管理者将更多地关注顶层管理流程如何明确发展战略、建立适合的组织架构并且营造合适的企业文化。对于支持性流程，企业管理者更多地关注职能部门如何赋能业务开展，如何更好地提高业务开展的效率。

2.2 一般制造企业的流程划分方法

2.2.1 公司层面对应流程划分

根据企业流程划分整体框架，一般制造企业在公司层面的一级流程划分主要包括组织架构、发展战略、企业文化、社会责任等。

组织架构管理作为一级流程，通常会被细化为公司治理、组织结构、授权体系和制度管理 4 个二级流程。部分集团型企业可能还会增加子公司管理二级流程。

公司治理流程主要对公司股东会、董事会、监事会、经理层以及董事会下属各专业委员会和企业内部各层级机构的设置，决策机构权责的划分、信息的上传下达等事项进行规范，主要涉及的制度包括股东大会议事规则、董事会议事规则、监事会议事规则和各专业委员会议事规则。此部分制度属于公司的基本管理制度，一般需提交股东大会或者董事会审议通过。

组织结构流程主要对公司组织结构的申请、可行性论证、审批及相关文件的更新进行规范，主要涉及的制度为组织结构管理制度。

授权体系流程主要对公司常规性授权体系的制定和维护、临时性授权的管理进行规范，主要涉及的制度为授权管理制度。

制度管理流程主要对公司制度的草拟、审核、发布和定期评价等进行规范，主要涉及的制度为制度管理制度。

发展战略流程作为一级流程，通常无法再被细化至二级流程，其主要对发展战略的制定、审批、执行与控制、调整等进行规范，主要涉及的制度为发展战略管理制度。

企业文化流程与发展战略流程类似，也无法再被细化至二级流程，其主要对企业文化的培育、制定、普及推广、评估等进行规范，主要涉及的制度为企业文化管理制度。

一般制造企业在进行流程划分时，可以将发展战略和企业文化合并为同一个一级流程进行管理，再细分出发展战略管理和企业文化管理两个二级流程。

社会责任流程的各个关键控制点在其他流程内予以体现，例如员工健康、环境保护和产品质量等内容。

在企业内部控制体系建设过程中，公司层面仅组织架构流程比较重要，其他各项管理流程的实施难点不在于流程本身，而在于如何制定正确的战略方案和企业文化方案，完善的流程并不能保证企业达成上述目标。

2.2.2 业务层面对应流程划分

根据企业流程划分整体框架，一般制造企业在业务层面主要包括产品开发管理、销售管理、采购管理和存货管理等与企业价值创造过程相关的各项一级流程。

产品开发管理主要包括产品开发立项、开发过程管理和开发成本管

理 3 个二级流程。**产品开发立项主要对新产品开发计划、新产品概念管理、可行性分析、市场调研和项目立项等进行规范。**开发过程管理主要对新产品开发进度控制、质量控制、安全控制、小试测试与反馈、中试测试与反馈、试产测试与审批等进行规范。开发成本管理主要对新产品研发项目组组建、研发领料、研发费用归集等进行管理。产品开发管理一般根据企业产品研发的复杂程度制定一项产品开发管理制度，还可以在产品开发管理制度下再详细制定产品开发立项管理制度、开发过程管理制度等二级制度。

　　每一家企业的价值创造过程均离不开销售管理，不同企业的销售模式不同，对应的流程划分的差异也较大。例如互联网企业的销售模式与传统制造型企业的销售模式就存在较大的差异，此处以传统制造型企业的销售管理流程为模板。**销售管理一般可以分为客户管理、销售计划管理、销售价格管理、销售合同与订单管理、销售发货管理、销售收款管理、销售费用管理，部分依托于渠道销售的企业还会涉及经销商管理。**

　　客户管理主要对客户的开发、评审、资料保管、客户关系维护、客户信用管理等进行规范。销售计划管理主要对销售计划的制订、审批、实施和调整进行规范。销售价格管理主要对价格的制定与调整、销售折扣的制定与实施、价格的监控等进行规范。销售合同与订单管理主要对销售合同与订单的洽谈、制定、审批等进行规范。销售发货管理主要对发货申请、审核、执行和发票开具等进行规范。销售收款管理主要对销售确认、销售回款、销售对账、销售催收等进行规范。销售费用管理主要对各类销售费用的计划、结案和核销等进行规范。经销商管理主要对经销商的准入、评价和退出等进行规范。根据销售行为的复杂程度，企业的销售管理制度可以将上述二级流程全部纳入销售管理制度进行管理，也可以对部分二级流程单独编制相应的管理制度。适合单独编制管理制度的二级流程一般包括销售价格管理、销售费用管理、经销商管理等。

采购管理一般可以细分为供应商管理、生产性物料采购管理和非生产性物料采购管理3个二级流程。供应商管理主要对供应商准入、日常管理、定期评价和退出等进行规范。生产性物料采购管理主要对生产性物料的请购、审批、采购计划制订、采购方式确定、验收、入库和付款等进行规范。非生产性物料采购管理主要对非生产性物料的请购、审批、采购计划制订、采购方式确定、验收、入库和付款等进行规范。一般制造企业均会单独编制供应商管理制度。虽然生产性物料采购管理和非生产性物料采购管理的三级流程比较类似，但是由于两种物资的管理方式不同，一般建议企业为生产性采购管理和非生产性采购管理单独编制相应的管理制度。

存货管理一般可以细分为存货入库管理、存货出库管理、存货日常管理和存货盘点管理4个二级流程。存货入库管理主要对企业原辅材料、工程物资、包装材料、半成品、产成品等物料的入库进行规范。存货出库管理主要对企业原辅材料、工程物资、包装材料、半成品、产成品等物料的出库进行规范。存货日常管理主要对企业原辅材料、工程物资、包装材料、半成品、产成品等物料的日常保管、处置和报废等进行规范。存货盘点管理主要对盘点计划的编制、盘点小组的组成、盘点执行、盘点报告编制与审批、盘点差异处理等进行规范。一般制造企业均会针对上述二级流程编制存货管理制度。

2.2.3 管理层面对应流程划分

管理层面流程主要是为业务流程服务，以提高业务执行效率、防范业务实施风险。管理层面的一级流程一般包括人力资源管理、财务管理、投融资管理、资产管理、财务报告管理、全面预算管理、合同管理、信息系统管理、内部监督和行政管理。

　　人力资源管理主要包括员工招聘管理、员工培训管理、员工日常管理、薪酬绩效管理和员工异动管理。员工招聘管理主要对企业人员引进过程中的招聘计划、招聘实施、劳动合同签订、试用期管理等进行规范。员工培训管理主要对企业培训体系的搭建、培训计划的制订、培训申请、培训实施、培训效果评估和考核等进行规范。员工日常管理主要对员工考勤、休假、关键岗位识别与控制等进行规范。薪酬绩效管理主要对薪酬绩效体系的制定和调整、薪酬绩效的计算与发放、员工调薪等进行规范。员工异动管理主要针对员工离职的申请与审批、离职交接、员工调动等进行规范。由于人力资源管理的各项流程差异较大，一般制造企业会根据其二级流程分别单独编制对应的管理制度，例如员工招聘管理制度、员工培训管理制度等。

　　财务管理主要包括现金管理、银行存款及账户管理、票据管理、备用金与费用报销管理和往来款管理。现金管理主要对现金收支、日常保管、盘点等进行规范。银行存款及账户管理主要对银行账户开立 / 变更 / 销户、银行存款的收付、日常对账、网银管理、资金调拨、资金计划等进行规范。票据管理主要对票据的购买、保管、使用、日常管理、盘点、背书转让、贴现等进行规范。备用金与费用报销管理主要对费用报销的申请和审批、备用金的申请和审批、对账、催收等进行规范。往来款管理主要对往来款确认、核销、对账、账龄分析、催收、坏账准备和坏账核销等进行规范。由于财务管理的各项流程差异较大，一般制造企业会将现金管理、银行存款及账户管理和票据管理 3 个二级流程合并，编制资金管理制度，对备用金与费用报销管理和往来款管理单独编制对应的管理制度。

　　投融资管理主要包括筹资管理和投资管理两个二级流程。筹资管理主要对筹资计划的编制、筹资方案的编制、筹资合同的审批、利息支付和筹集资金的使用等进行规范。投资管理可进一步细分为股权投资管理和金融资产投资管理两个三级流程。股权投资管理主要对投资计划的编

制、投资方案的编制、尽职调查、投资谈判、投资后评估、投后管理和
投资处置等进行规范，主要涉及的制度为股权投资管理制度。金融资产
投资管理主要对年度投资计划的编制、投资申请与审批、投后管理和投
资处置等进行规范，主要涉及的制度为金融资产投资管理制度。

**资产管理主要包括生产设备管理、非设备类固定资产管理、低值
易耗品管理和无形资产管理。**生产设备管理主要对设备验收、设备日
常保管与使用、设备台账记录、设备调拨、设备维修、设备维护保养、
设备报废、设备处置和设备盘点等进行规范。非设备类固定资产管理
主要对非设备类固定资产验收、非设备类固定资产日常保管与使用、
非设备类固定资产台账、非设备类固定资产调拨、非设备类固定资产
维修、非设备类固定资产报废、非设备类固定资产处置和非设备类固
定资产盘点等进行规范。低值易耗品管理主要对低值易耗品的验收、
领用、日常管理、调拨和盘点等进行规范。无形资产管理主要对无形
资产的取得、验收、日常管理、转让和处置等进行规范。由于资产管
理的各项二级流程差异较大，一般制造企业会针对各项二级流程单独
编制管理制度。

**财务报告管理、全面预算管理、合同管理和信息系统管理是根据《企
业内部控制应用指引》的分类标准进行划分的。**财务报告包括会计政策
与日常核算和财务报告编制与分析两个三级流程，主要涉及的制度为财
务管理制度、财务报告管理制度等。会计政策与日常核算主要对会计政
策和估计确定、会计科目设置、会计账务处理等进行规范。财务报告编
制与分析主要对财务报告的编制、审核、对外披露和财务报告的分析与
利用等进行规范。全面预算主要对全面预算的组织设置、编制、审核审批、
执行监督、预算调整、预算分析和考核等进行规范。合同管理主要对合
同模板管理、合同拟定、合同审核审批、合同签订、合同归档、合同履
行跟踪和合同纠纷处理等进行规范。信息系统管理主要对信息系统开发

立项、开发过程管理、测试、上线准备、信息系统变更管理、日常运维管理等进行规范。

　　内部监督主要包括内部审计管理、内控评价管理和内部举报及反舞弊管理。内部审计管理主要对年度审计计划的制订、审计方案的制定、审计执行、审计报告的编制、审计跟踪等进行规范。内控评价管理主要对内控评价计划的制订、评价方案的制定、评价实施、评价报告的编制、评价后跟踪等进行规范。内部举报及反舞弊管理主要对内部举报渠道的建立和内部举报的受理、调查及处理等进行规范。

　　行政管理主要包括档案管理、印章管理和法律事务管理。档案管理主要对档案收集、档案移交、档案保管、档案借阅、档案销毁等进行规范。印章管理主要对印章的刻制、使用、保管和销毁等进行规范。法律事务管理主要对诉讼方案的制定、诉讼资料的准备、诉讼结果的处理、重大法律事务的处理等进行规范。

2.3 一般制造企业的风险数据库

　　风险识别过程是内部控制体系建设的核心环节。虽然不同的企业由于经营模式、所处行业等客观因素的影响而面临的风险不同，但是在有的管理环节中，大部分企业所面临的风险是一致的。根据一般制造企业流程划分整体框架，企业在各个管理环节普遍面临的风险如下。

　　组织架构

　　（1）股权设置不合理，可能导致重大事项难以决策，影响企业的正常经营。

　　（2）股东（大）会职权不明确，议事规则不清晰、缺少会议决议记录，可能导致重大事项决策、执行缺乏法律约束力，发生纠纷时无法律保障。

（3）董事会及各专业委员会、监事会职权不清晰，运作程序不合理，人员胜任能力和独立性不足，可能导致企业治理结构不健全，企业内部监控环境不佳，影响企业的有效运作。

（4）总经理及其他高级管理人员任免程序不合理，职权不清晰，人员胜任能力不足，可能导致企业治理结构不健全，影响企业的有效运作。

（5）企业内部组织机构设置不完善，权责分配不合理，可能导致机构重叠、职能交叉或缺失、推诿扯皮，运行效率低下。

（6）企业岗位设置不合理，不相容职务未有效分离，可能导致企业管理效率低下、关键环节控制缺失或存在舞弊风险，影响企业的经营效率。

（7）企业未明确董事会、经理层和各部门员工的权限或授权不合理，可能导致企业管理效率低下或经营风险较高。

（8）企业未建立完善的管理制度体系，业务操作管理无章可循，管理缺乏相应标准，可能导致企业管理随意性较强，限制企业的进一步发展。

（9）企业管理制度体系执行不到位，责任追查机制建立不健全，可能导致企业的经营发展与战略目标无法实现。

发展战略

（1）缺乏明确的发展战略或发展战略制定不合理，可能导致企业盲目发展，难以形成竞争优势，丧失发展机遇和动力。

（2）缺乏对发展战略实施情况的积极监控，没有定期收集和分析发展战略实施的相关信息，可能导致企业无法及时根据客观环境变化调整发展战略。

（3）未及时根据内外部环境进行发展战略调整或根据主观原因频繁变动发展战略，可能导致企业发展战略滞后，资源浪费，影响企业的生存和持续发展。

（4）企业战略规划未经有效分解，经营计划未与企业发展战略相联系，可能导致企业实际发展脱离企业预计发展轨道，影响企业的长期经营。

人力资源管理

（1）企业未编制人力资源规划或规划不合理，可能导致企业无法有效配置人力资源，影响企业战略目标的实现。

（2）年度人力资源计划内容不完善，与人力资源规划不匹配，可能导致企业人员供给不足或过剩，影响企业战略目标的实现。

（3）人员招聘需求不合理或不明确，可能导致企业无法招聘到符合企业发展要求的员工，影响企业的经营效率。

（4）招聘面试流程不合理、不完善，可能导致企业未能对应聘者情况进行客观评价，造成潜在人才流失，或录用人员未能满足企业和职位的需求。

（5）未对关键岗位的应聘者资料进行背景调查，可能导致企业对应聘者能力了解不够充分，无法满足岗位需求。

（6）未及时与职工签订书面劳动合同，可能导致企业违反相关劳动法规，影响企业合法合规性目标的实现。

（7）未能合理、合法解决劳动争议，可能导致企业违反相关劳动法规，影响企业合法合规性目标的实现。

（8）未根据岗位和部门制订有针对性的、合理的员工培训计划，可能导致企业无法有效提高和增强员工的素质与技能。

（9）培训未有效开展，偏离培训目标，可能导致企业达不到提高和增强员工素质和能力的目的，造成企业资源浪费。

（10）未能制定合理的绩效考核指标体系，或绩效考核指标制定缺少依据，可能导致企业的绩效考核无法真实反映员工工作现状。

（11）绩效考核结果未有效利用、兑现，可能导致考核流于形式，影响绩效考核效果。

（12）员工薪酬标准的制定不符合国家相关政策法规，且未能按国家相关要求进行及时调整和更新，可能导致员工流失，影响员工队伍的稳定。

（13）薪酬福利发放前未经恰当审核，或发放后未进行恰当核对，可能导致发放的工资与实际不符，造成工资多发或少发，影响资金安全。

（14）员工随意离职，如未在规定时间内提出申请、未履行审批手续，可能导致企业的正常生产经营活动受到影响。

企业文化

（1）企业的董事、监事和经理层在企业文化建设中没有发挥主导和垂范作用，可能导致企业缺乏统一的、整体的氛围和目标，影响企业战略规划的实现。

（2）企业未能贯彻和宣传企业文化精神且企业内部缺乏有效沟通，可能导致企业无法有效规范员工行为，使企业文化与战略目标不能有机结合。

（3）未能有效建立企业的道德标准，可能导致员工的日常行为妨碍企业的生产，影响企业的日常经营管理。

（4）未对员工进行企业文化培训，可能影响员工对企业核心价值的认知和个人价值的实现。

（5）企业未能对企业文化进行定期评估，可能导致企业文化脱离生产经营实际，影响企业的核心理念与经营效率目标。

财务管理

（1）企业未对银行账户进行合理的管控，银行账户开立／变更／销户等未经合理的审批，可能导致银行账户过多或不足、管理混乱，影响企业的资产安全。

（2）企业未定期核查清理银行账户，银行账户数量不清，金额无法核实，可能存在账外账户，可能导致企业出现资金损失。

（3）银行收付款未进行合理管控，授权管理未得到有效执行，可能导致业务办理过程缺乏监督和复核，影响企业的资产安全。

（4）网络银行密钥与密码保管不当，可能导致网络银行被盗用，企业出现资金损失。

（5）资金计划缺失或编制不准确，可能导致企业资金短缺或无法有效利用资金，影响企业的资金使用效率。

（6）未按照国家相关规定使用现金，可能影响企业合法合规性目标的实现。

（7）现金保管不当，可能导致现金丢失或被盗用挪用，影响企业的资金安全。

（8）支票使用不合理，记录不完善，导致支票使用管理失控，影响企业的资金安全。

（9）作废支票处理不规范，可能导致支票被盗用，影响企业的资金安全。

（10）未对有价凭证定期进行盘点，可能导致出现无法及时发现账实偏差或有价凭证被盗用的情况。

（11）应收应付账款入账不合理、依据不充分，可能导致企业财务报表的数据不真实、不准确。

（12）未制定催收政策，未定期对应收账款进行催收，货款不能及时收回，可能导致企业资金难以回笼或出现资金损失。

（13）未制定合理的坏账计提与核销政策，坏账准备计提及坏账核销不及时或不准确，可能导致企业财务报告的数据不真实、不准确。

（14）未按照税法规定的期限，及时、准确地进行纳税申报，可能导致应纳税额计算错误、补缴税款及滞纳金，使企业出现经济损失。

（15）企业未进行税务筹划或税务筹划不当，未能实现合理避税，可能导致企业的税负较高，影响企业的经营效率。

（16）发票管理不规范，可能导致发票购买、使用或更改管理混乱，使企业遭受税务处罚。

（17）费用报销程序不规范或未经适当审批，可能导致费用报销不真实、不合理，影响企业的资金安全。

投融资管理

（1）未编制筹资战略规划或筹资战略规划编制不合理，可能导致企业盲目筹资或筹资不足，影响企业的经营效率。

（2）未编制筹资方案或筹资方案编制不合理，可能导致企业资本结构不合理、融资成本过高，影响企业的经营效果。

（3）未对融得资金进行有效日常管理，可能导致融得的资金使用与融资目的不匹配，违反相关法律法规，影响企业合法合规性目标的实现。

（4）未合理安排还款或本息支付不及时，可能导致企业不能够按照合同的规定及时偿还本金及利息，影响企业的可持续经营。

（5）未制订股权投资计划或制订不合理，可能导致对外投资脱离企业战略目标，影响企业的资产安全及战略实现。

（6）股权投资方案制定不合理，未对被投资企业进行充分的调查了解，可能导致投资决策失误，使企业出现重大经济损失，影响企业的经营发展。

（7）投资活动未有序执行或执行不到位，脱离股权投资方案，可能导致股权投资失败，使企业出现经济损失，影响企业的经营发展。

（8）未对被投资企业进行持续有效的管理，或并购后整合失败，可能导致由于被投资企业经营不善，出现亏损，而影响企业的资产安全。

（9）投资项目相关账务处理不及时、不准确，信息披露不完整，可能影响企业财务报表及相关信息的真实性、准确性。

（10）未对投资项目过程进行持续、及时的检查和监控，未做好详细的记录，可能导致投资方向发生偏离和资金风险增大。

（11）投资资产处置不当或未经有效审批，可能导致企业出现资金损失，影响企业的经营效率。

（12）金融投资产品选择不合理或投资未经有效审批，可能导致投资收益率较低或出现本金损失，降低企业的资金使用效率。

（13）购买金融投资产品后未对产品情况进行有效的跟踪、监控，可能出现因突发情况导致金融投资产品估值大幅波动，而企业未能及时发现并处理的情况，影响企业的资金安全。

资产管理

（1）对固定资产未验收或验收不充分，可能导致固定资产数量、质量、技术规格不满足企业的需求，造成企业的资源浪费。

（2）未建立或未更新固定资产标签，可能导致固定资产台账信息更新不及时，影响台账记录的准确性。

（3）固定资产维修保养不当，可能导致固定资产损坏，影响企业的正常生产经营。

（4）未开展固定资产盘点或盘点不规范，可能导致无法保证固定资产的准确性，影响财务报表的准确性。

（5）固定资产报废未经审批或者未经有效审批，可能导致固定资产报废不当，影响企业的利益。

（6）无形资产外购或自行研发未经过有效评审，或无形资产不足以满足企业的需求，可能影响企业的经营效率。

（7）无形资产未经有效验收，可能导致无形资产无法满足企业的需求，影响企业的经营效率。

（8）无形资产内含的技术未能及时升级换代，可能导致技术落后或存在重大技术安全隐患，影响企业的核心竞争力。

（9）未建立无形资产相关的保密机制，可能导致企业核心技术的泄露，影响企业的核心竞争力。

（10）无形资产未按时进行减值测试或减值计提不准确，可能导致财务报表不准确。

（11）无形资产处置未经适当审批，或未对无形资产处置程序和价格进行控制，可能导致企业出现资产损失。

产品开发管理

（1）未编制研发计划或研发计划编制不合理，可能导致研发资源配置不合理，影响企业的战略实现。

（2）研发人员配备不合理或研发过程管理不善，可能导致研发成本过高、出现舞弊情况或研发失败。

（3）项目立项不充分或未经有效评审，可能导致研发项目不满足企业需求，影响企业的经营效率。

（4）在项目评审过程中，缺乏适当、有效的审核，或项目需求不清晰，可能导致项目开发失败。

（5）研发测试与鉴定投入不足，可能导致测试与鉴定不充分，造成产品的研发失败。

（6）产品试产前缺乏审核，可能导致新产品不符合量产要求，影响新产品的投产进度。

（7）在项目实施过程中，缺乏适当有效的管控方式，可能导致项目研发效率低下，造成项目研发失败。

（8）未及时对研发项目进行后评估，或未对研发项目预期目标的实现情况和项目投资效益等进行绩效考核和责任追究，可能导致企业出现经济损失，研发项目管理水平得不到改善。

销售管理

（1）现有客户管理不足，潜在市场需求开发不够，可能导致客户丢失或市场拓展不利。

（2）客户档案不健全，缺乏合理的资信评估程序，可能导致客户选择不当，销售款项不能收回或发生欺诈情况，从而影响企业的资金流转和正常经营。

（3）销售计划缺乏或编制不合理，或未经授权审批，可能导致产品结构和生产安排不合理，难以实现企业生产经营的良性循环。

（4）销售计划制订后未及时进行调整，可能导致目前的销售计划不能满足内外部环境需求，无法维持企业的正常经营。

（5）定价或调价不符合价格政策，未能结合市场供需状况、盈利测算等进行适时调整，可能导致价格过高或过低，使企业的销售利润受损。

（6）未对市场价格进行监控或者价格监控处理不及时，可能导致市场价格混乱，影响企业的经营利润。

（7）销售折扣不合理或销售价格未经恰当审批，可能导致企业的经济利益或者企业形象受损。

（8）新市场进入未经评估或评估不合理，无法识别新市场进入风险，可能导致新市场开发失败，造成企业资源浪费。

（9）产品试用未经客户反馈流程，无法得知客户试用感受，可能影响企业销售目标的实现。

（10）产品促销政策制定不合理或未经审批，可能导致产品促销达不到预期，造成企业资源浪费。

（11）未经授权发货或发货不符合合同约定，可能导致货物损失、客户与企业出现销售争议、销售款项不能收回。

（12）未核对发出物料的数量与种类，可能导致物料发错、漏发或多发，影响企业的资产安全。

（13）开票时未与实际销售业务核对，可能导致多开或者少开发票，使企业遭受税务部门的处罚。

（14）企业信用管理不到位，结算方式选择不恰当，票据管理不善，可能导致销售款项不能收回或遭受欺诈，使企业的经济利益受损。

（15）缺乏有效的销售业务会计系统控制，可能导致企业账实不符、账证不符、账账不符或者账表不符，影响销售收入、销售成本、应收款项等会计核算的真实性和可靠性。

（16）应收账款回收不及时，可能导致企业周转资金不足，影响企业的正常生产经营效率。

（17）销售退回随意或未经审批，可能导致退回货物不准确或企业承担不应承担的责任，造成企业出现经济损失。

（18）客户服务水平低，消费者满意度低，可能影响企业的品牌形象，造成客户流失。

（19）未建立完善的客户投诉问责机制，可能导致客户诉求无法得到及时有效的回应，进而降低客户满意度，影响企业的品牌形象。

（20）经销商准入标准缺失或经销商准入标准编制不合理，可能导致经销商能力良莠不齐，影响企业销售目标的达成。

（21）未执行经销商日常管理或者经销商处罚不到位，可能导致经销商管理混乱，影响经销商的经营积极性。

采购管理

（1）企业未建立完善的供应商准入机制，或合格供应商评审标准不完善，可能导致企业无法选择适当的供应商，采购的货物质次价高，无法满足企业的经营需求，影响企业的经营效率。

（2）供应商考核评估体系不健全，未能对供应商形成动态持续管理，可能导致供应商评价依据缺失或供应商供货质量持续低下，无法有效保证企业采购业务的质量，影响企业的经营效率。

（3）需求或采购计划不合理。不按实际需求安排采购或随意超计划采购，可能导致存货过多或缺货，影响企业的正常生产经营。

（4）采购申请未经适当审批或越权审批，或出现不合理的采购行为，可能导致采购物资过量或者短缺，影响企业的正常生产经营。

（5）采购定价机制不科学，定价方式选择不当，可能导致采购价格不合理，使企业出现资金损失。

（6）未执行重要材料价格的跟踪监控，无法及时发现材料价格的波动规律，可能导致采购价格偏高，使企业出现资金损失。

（7）供应商选择不当，可能导致采购的货物质次价高，甚至出现舞弊行为。

（8）缺乏对合同履行情况的有效跟踪，运输方式选择不合理，忽视运输过程中的保险风险，可能导致物资损失或无法保证供应。

（9）验收标准不明确、验收程序不规范，可能导致货物质量无法满足企业的需求，影响最终产品的质量。

（10）企业未对采购货物检验中存在的异常情况及时进行处理或不做处理，可能导致账实不符，企业出现资金损失。

（11）付款申请未经适当审核或审核不严格，未满足支付条件即支付货款或越权支付，可能导致企业出现资产资金损失。

（12）缺乏有效的采购会计系统控制，未能全面、真实地记录和反映企业采购各环节的资金流和实物流情况，相关会计记录与相关采购记录、仓储记录不一致，可能导致企业采购业务未能得到如实反映，以及采购货物和资金损失。

存货管理

（1）物料入库程序不规范，可能导致入库数量与实物数量不一致，造成企业存货账实不符。

（2）不合格品判定标准缺失或审核不严，未及时处理不合格品，可能导致产品质量受到影响，造成企业形象损失。

（3）货物质检标准不明确，可能导致入库货物质量无法满足企业的要求。

（4）让步接收产品的判定标准不明确，可能导致让步接收产品不达标，占用库存，影响企业的后续生产。

（5）客户退换货／以旧换新产品／试用品，退回品未经合理检验及判定，处理不当，可能导致二次销售产品不合格，影响客户体验。

（6）原材料领用申请不规范，审核不严格，手续不完备，可能导致产品成本核算不准确，影响财务报告的真实性和完整性。

（7）销售出库指示不明确，审核不严格，手续不完备，可能导致发货错误，出现多发、少发等情况，影响客户体验，使企业遭受损失。

（8）报废出库审核不严格，手续不完备，可能导致有使用价值的产品报废，使企业遭受损失。

（9）存货未进行有效的库龄管理，未设置安全库存，未对存货进行管控及追踪，可能导致呆滞库存的产生，占用企业库存空间，浪费企业资源。

（10）未对存货进行库位管理，未遵循"先进先出"原则对存货进行管控，可能导致临期、过期货物的出现，影响企业的生产和货物的使用。

（11）存货仓储保管方法不适当，监管不严密，未对仓储环境温度进行严格控制，可能导致存货损坏变质、价值贬损，资源浪费或因温度大幅变化而使主要材料受损。

（12）仓库进出未进行严格管控，可能导致闲杂人等进入仓库，影响货物安全。

（13）未能准备进行存货兼职测试、计提跌价准备，可能导致会计账务中的数据不能真实反映存货价值，造成账实不符。

（14）存货盘点清查制度不完善，计划不可行，程序不规范，可能导致盘点工作流于形式，无法查清存货的真实状况，影响企业财报的真实性与资产安全。

（15）对盘点中出现的差异未及时查明原因，没有制定处置方法或处置方式不合理，可能导致存货盘点的效果降低，不利于存货资产保管方式及方法的改善。

（16）存货报废处置责任不明确，审批不到位，可能导致企业利益受损。

财务报告

（1）会计政策未能有效更新，重要会计政策、会计估计变更未经审批，可能导致会计政策使用不恰当，影响财务报告的准确性。

（2）重大会计事项，如债务重组、非货币性交易、收购兼并、资产减值等的会计处理不合理或不准确，可能导致财务报告无法反映企业的真实情况。

（3）未制定科学合理的财务报告编制方案或编制方案不合理，可能导致财务报告编制混乱，影响企业财务报告的完整性、真实性。

（4）期末关账流程不规范，未清查资产、核实债务，或过账、调账不正确，可能导致资产、负债确认不准确，影响企业财务信息的真实性。

（5）各下属企业财务报表的编制不准确，可能导致合并财务报表基数不准确，影响企业财务报告的真实性、准确性。

（6）合并财务报表内容不完整，相关财务信息不准确，可能影响企业财务报告的真实性。

（7）财务报告附注编写不完整，表述不正确，披露不充分、不公允，可能导致财务报告质量较差，影响企业财务报告的真实性。

（8）财务报告未经有效审批，可能导致对外披露财务报告错误，违反相关法律法规。

（9）擅自对外提供财务报告或未经相关权限机构审批提供财务报告，可能导致内幕交易或者违反相关信息披露法规的要求。

（10）未定期执行财务分析或者财务分析方法不恰当，可能导致财务报告无法有效利用，影响企业的经营决策。

全面预算

（1）预算编制不合理、不及时，可能导致预算目标与战略规划、经营计划、市场环境、企业实际等相脱离，不具有可执行性，影响企业的经营效率。

（2）全面预算下达不力，预算指标分解不够详细、具体或对预算执行过程监管不力，可能导致企业的某些岗位和环节缺乏预算执行和控制的依据，使预算执行或考核无据可查。

（3）预算考核机制不健全，考核体系或考核指标不科学，考核执行不到位，可能导致企业预算目标难以实现。

合同管理

（1）合同谈判前未进行合同对象审查或谈判经验不足，缺乏技术、法律和财务知识的支撑，可能导致合同谈判失败或影响合同的后续执行，还可能导致企业在重大问题上出现不恰当的让步。

（2）合同文本拟定不规范，可能导致合同出现重大疏漏、被篡改或出现舞弊行为，使得企业利益受损，影响企业的资产安全和经营效率。

（3）合同文本审核不到位，可能导致合同出现重大疏漏或出现舞弊行为，使得企业利益受损。

（4）未明确授权审批和签署权限，可能发生未经授权或超过权限签订合同的情形。

（5）未采取有效方式对合同履行进行持续监督或未采取有效措施解决合同履行中出现的问题，可能导致企业利益受损或出现法律问题，影响企业的资产安全和合法合规性目标的实现。

（6）未及时进行合同变更、协议补充或合同变更流程不规范，可能导致合同条款的改变对企业不利或导致出现舞弊行为，影响企业合法合规性目标的出现。

（7）未对合同进行统一有效的保管，相关部门未及时递交合同或未及时在相关部门备案，不利于企业对合同完整性的核查及合同履行的有效控制。

内部监督

（1）审计计划制订不合理，包括审计范围与目的、时间、人员安排及下一年度审计工作的实施重点等的不合理，可能导致审计资源分配不合理，影响审计工作的正常开展。

（2）审计过程不规范，审计人员配备不足，证据缺乏相关性，或与被审查部门沟通不足，可能影响审计报告的准确性，从而影响审计目标的实现。

（3）审计底稿填写不完整或未经复核，可能导致审计数据失真或审计底稿中存在的漏洞未被及时发现，影响审计报告的准确性。

（4）审计资料归档保存不规范，可能导致重要的审计资料及审计底稿保管不全或遗失，造成相关部门对审计结论存在意见时无法查找对应的审计资料，影响审计结论的真实性、准确性。

行政管理

（1）未对档案进行移交或档案移交不规范，可能导致档案沉淀在个人处，信息保管分散，影响企业的经营效率。

（2）企业档案管理缺乏明确的编号规则，可能导致在资料遗失时不能及时发现，或在与业务人员交接时，无法确认内部资料与合同的对应情况。

（3）未根据文件密级规定相关的借阅权限，不利于企业对机密文件的管理，影响企业的经营效率。

（4）档案销毁不规范，可能导致企业财产受损，重要信息资料遗失。

（5）未对档案借阅进行审核、登记管理，可能导致重要信息资料遗失。

（6）未对印章刻制申请进行有效审核或未按国家有关规定到具有印章制作资质的企业刻制印章并备案，可能影响印章管理的合规性。

（7）未对印章样模进行留存，可能导致无法对印章信息进行查询，造成印章管理失效。

（8）企业所有重要印章均由一人负责保管，可能导致错弊风险增大，造成法律纠纷或经济损失，影响企业的资产安全。

（9）印章专管员离职时未进行印章保管交接，可能导致法律纠纷或经济损失，影响企业的资产安全。

（10）印章使用未经审批控制，可能导致违规使用印章，造成企业法律风险增大或出现经济损失。

（11）印章外借使用审核审批流程不规范或无相关人员监管，可能导致外借印章违规使用，造成舞弊风险增大，影响企业的资产保全。

（12）印章变更及废止未经过审批，可能导致假冒企业名义从事非法活动的风险增大，造成法律纠纷或经济损失，影响企业合法合规性目标的实现。

（13）印章销毁时无相关人员监督执行，可能导致应该销毁的印章未及时销毁而被销毁人员回收利用，造成舞弊风险增大，影响企业的资产安全。

第 3 章 | 采购管理主要风险及关键控制点

　　每一家企业均会涉及采购管理流程，且采购管理的目标在各个类型的企业中保持一致。采购管理的目标适用于 5R 原则，即适价（Right Price）、适质（Right Quality）、适量（Right Quantity）、适地（Right Place）及适时（Right Time）。不同物资采购关注的内部控制目标重点可能不一致，例如原材料采购和固定资产采购。除了采购管理的目标之外，内部控制体系建设还会关注采购付款与会计处理相关的目标。

　　本章以采购管理流程为主线，在该流程风险识别和关键控制点设计时按照采购流程执行顺序将采购管理流程进一步细分，主要包括采购计划制订、采购申请与审批、采购执行、采购验收、采购付款和供应商管理等二级流程。

3.1 采购管理流程概述

采购管理流程最佳实践的通用程度很高，适用于所有企业，基本不受企业的规模、发展程度等差异的影响。以采购流程执行顺序作为划分依据，采购管理流程可划分为采购计划、采购申请与审批等二级流程。但在最佳实践的模板之下，采购管理流程需要结合企业管理基础、风险承受度和管理目标等因素对最佳实践进行调整。不同企业的调整程度有大有小，在采购管理流程设计过程中，企业尤其需要关注成本效益原则。为了精细化采购管理流程，企业需要明确采购管理流程的分类、采购对象的分类和采购权限的分类。采购管理流程如图 3-1 所示。

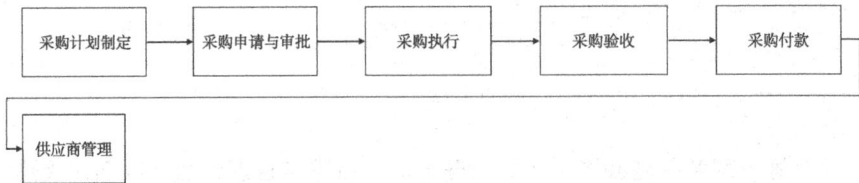

```
采购计划制定 → 采购申请与审批 → 采购执行 → 采购验收 → 采购付款
                                                              ↓
供应商管理 ←──────────────────────────────────────────────────┘
```

图 3-1　采购管理流程

3.1.1 采购管理流程的分类

采购管理流程作为一级流程，需要依据一定的逻辑顺序细分出二级流程、三级流程，甚至四级流程。各个企业由于采购管理现状、重点采购物料或者采购模式等因素的区别，对采购管理流程的划分方式存在不同。流程划分方式将决定相应的管理制度体系的划分。**采购管理流程可根据采购流程执行顺序进行划分，也可根据采购对象进行划分。**

　　根据采购流程执行顺序，采购管理流程可划分为采购计划、采购申请与审批、采购执行、采购验收、采购付款和采购后评估等二级流程。各项二级流程可进一步细化出三级流程，三级流程可以依据采购流程执行顺序、采购物资类别或者采购方式等进行划分。无论企业采用何种划分方式，都应该遵循逻辑性和完整性原则，保证流程划分结果能够涵盖所有采购流程。例如，采购计划二级流程按照采购物资类别可进一步划分为原材料采购计划制订与审批、固定资产采购计划制订与审批等三级流程。采购执行二级流程按照采购方式可进一步划分为单一来源采购、询比价采购或招标采购等三级流程。

　　根据采购对象，采购管理流程具体可划分为原材料采购、低值易耗品采购、固定资产采购和无形资产采购等二级流程。在此基础上，二级流程可进一步按照采购流程执行顺序进行划分。此外，供应商管理一般会作为一项单独的二级流程进行管理。

　　流程划分并没有一个统一的标准，流程划分的作用在于帮助企业完整识别经营过程中涉及的所有流程。采购管理流程的分类方法取决于企业各类物资的采购流程的一致性程度，一致性程度较高的企业则更适合按照采购流程执行顺序进行流程划分，一致性程度较低的企业则更适合按照采购对象进行流程划分。

　　按照采购对象进行划分的企业应分别制定对应的管理制度，包括《原材料采购管理制度》《固定资产采购管理制度》《供应商管理制度》等。按照采购流程执行顺序进行划分的企业应制定《采购管理制度》《采购价格管理制度》《供应商管理制度》等，部分流程差异可在具体的流程描述中予以体现。

3.1.2 采购对象的分类

在流程划分中已经提到了有一种流程划分方法是根据采购对象进行划分。一般在一家制造型企业中，采购对象可分为原材料、辅助材料、包装材料、办公用品、设备、服务、无形资产和低值易耗品等。

中小企业由于管理资源有限，不可能严格地对所有物资的采购流程都设计相对完善的内部控制体系，以解决采购流程执行过程中可能存在的问题。为了提高管理效率，企业还应根据采购频率和采购重要性对采购对象进行分类。

采购频率：定量判断指标，一般情况下，企业一个月采购一次为高采购频率，一个月采购低于一次为低采购频率。

采购重要性：定性判断指标，依据采购对象对生产经营的重要性进行判断，例如原材料采购对生产经营的重要性较高，电脑对于大部分制造型企业的重要性较低。

根据采购频率和采购重要性两个参数采购物资可以划分为战略物资、重要物资、一般物资和次要物资。

根据采购重要性和采购频率进行分类后，出于成本效益原则的考虑，企业对不同采购对象的内部控制流程的设计侧重点应不一致。例如对于次要物资，采购执行、采购验收等流程可以简化处理。中小企业各项管理资源有限，更需要通过精细化管理将资源进行合理、有效的配置。但现状却是部分中小企业缺少专业的技术指导，为了追求效率将所有流程都简化，使得采购管理风险全部暴露在外，这可能对企业生产经营产生较大的影响。

3.1.3 采购权限的分类

任意流程均涉及归口管理部门和执行部门两个概念。**归口管理部门**

指的是对该流程有制定、解释、监督和考核的权利的部门。归口管理部门不一定是流程的执行部门，可能仅参与流程的某一部分。执行部门指的是流程中某一环节的操作部门。归口管理部门和执行部门可能会出现不一致的情况，此时执行部门需要按照归口管理部门制定的流程执行。

归口管理部门的确定一般会从专业程度的角度考虑。中小企业一般会建立采购部门负责大部分物资的采购，其在采购理论、采购实务方面均具备较强的专业性。因此，**一般建议企业的归口管理部门建立采购部门，且由采购部门负责制定采购管理相关制度，并监督制度的执行情况。**

执行部门的确定一般根据采购对象的专业程度、采购效率等因素进行判断。一般情况下，中小企业采购执行的权力相对分散，例如电脑由IT 部门采购、办公用品由行政部门采购、研发设备由研发部门采购等。但是由于非采购部门缺乏专业的采购理论或技巧，容易发生风险事件。因此，**一般建议企业尽量由采购部门进行集中采购。对于部分专业性较强的物资采购，需求部门可以适当参与前期选型、供应商选择等环节。此外，由于次要物资在采购过程中涉及的风险较小，可以由各个需求部门独立执行采购。**

3.2 采购计划制订

《企业内部控制应用指引第 7 号——采购业务》指出，编制采购计划环节主要的风险是需求或采购计划不合理、不按实际需求安排采购或随意超计划采购，甚至与企业生产经营计划不协调等。采购计划流程的主要目标与 5R 原则中的"适量"相关，即保证企业在原材料库存积压风险和缺货风险之间找到平衡。

一般采购计划的关键控制点如下。

采购执行部门根据需求部门提出的需求申请，在考虑采购交期、库存数量及在途物资等因素的情况下编制采购计划。采购计划需根据企业的权限设定，提交至相关领导审批后执行。当外部客观环境发生变化时，采购执行部门应及时调整采购计划并提交至相关领导，经审批后执行。

虽然采购计划执行的关键控制点仅通过一段话即可完整描述，但是不同的采购物资或不同的采购模式均会导致采购计划流程设计的不一致。在采购计划内部控制流程设计过程中，企业应重点关注下列问题。

（1）采购计划的编制范围。

编制采购计划的目标是保证企业采购数量符合生产经营要求。因此，企业在以下3种情况下无须编制采购计划。

第一种情况是采购次要物资，其仅需根据采购申请直接执行采购。对于次要物资的控制，企业一般通过部门费用开支预算来控制。

第二种情况是采购周期短、市场供应充足的物资，其到货期一般在3天内。这类物资的采购周期完全可以满足生产需求，故无须编制采购计划。

第三种情况是，对于部分生产通用的材料，企业可以根据历史数据设定最高库存量和最低库存量，当库存余额低于最低库存量时，由系统自动触发采购申请并向供应商下达采购订单。

对于某些采购频率较低，对企业重要性较强的物资，企业应在制定年度预算的同时完成对该类物资的采购计划编制。

（2）采购计划的编制频率。

按照编制频率，企业的采购计划一般可以分为年度计划、季度计划、月度计划，甚至周计划。实行年度预算管理的企业必须根据年度生产计划编制年度采购计划，但是年度采购计划的准确性较差。采购计划的编制频率取决于生产计划的编制频率。但是当采购周期较短时，例如，该企业季度生产计划较为准确，但是企业大部分物料的采购周期较短，其中最长的采购周期仅在 3 周左右。在此情况下，该企业仅需按月编制采购计划。

部分企业由于原材料需从国外进口，供应商备货周期加运输时间常导致采购周期长达 6 个月及以上。对于此种情况，由于半年的销售预测通常准确性较差，此时需要采购执行部门根据历史数据制订采购计划，这是采购计划管理中最难管理的部分。

3.3 采购申请与审批

采购申请是指企业各部门根据采购计划和实际需要，提出请购。根据《强化采购风险管控　提高企业采购效能——财政部会计司解读〈企业内部控制应用指引第 7 号——采购业务〉》，采购申请环节的主要风险是缺少采购申请制度、采购申请未经适当审批或超越授权审批，可能导致采购物资过量或短缺。采购申请的主要目标与 5R 原则中的"适量"相关。

审批是指提出请购需求，并由相关领导准许购买。

采购申请的关键控制点一般包括如下内容。

需求部门根据采购计划或者实际需求提出采购申请，经相关领导审批后执行采购。由于客观因素需要紧急采购的，需求部门可取得相关领导的口头同意后将采购申请提交至采购部门执行。在实际执行过程中，企业进行采购申请与审批流程设计时应特别关注以下问题。

（1）采购需求不明确。

采购部门作为采购的执行部门，采购员不可能了解所有采购物料的性质，尤其是专业性较强的各类设备或者专业材料等。此时，需求部门必须提供详细的采购需求，以便采购部门寻找到合适的备选供应商，避免由于采购需求不明确导致采购回来的物资无法使用。

对于非常复杂的物资的采购，需求部门在提出采购申请时可能也并不能明确采购需求，例如信息系统和专业设备的采购。此时，采购部门应组织需求部门共同参与潜在供应商的前期洽谈，以进一步明确采购需求。

（2）紧急采购流程变常规采购流程。

企业一般会设计紧急采购流程，即在部分特殊情况下可以不执行相关审批流程直接进行采购。虽然该流程的出发点是对管理实际的考虑，但在有的企业中，紧急采购流程已经变成了常规采购流程。我曾经通过一个项目的现场调研统计发现，企业使用紧急采购流程的次数比常规采购流程的次数多。企业在制定紧急采购流程时应尽可能明确其适用条件，此外还需明确使用紧急采购流程的次数，以防止对紧急采购流程的滥用。

（3）批量申请与拆分申请。

在采购申请中，有的企业会出现运用"拆单"的方式来规避审批的情况。例如企业采购一台价格为4000元的电脑，根据制度规定，可以直接从供应商处采购，并且采购申请只需要部门负责人批准。但当企业批量采购时，采购管理制度对批量采购的执行方式和审批权限进行了明确规定。一般采购管理制度会对部分金额的规定以单产品单次采购金额为标准。

为了规避审批，部分采购申请人往往会将一笔订单进行拆分，以达到缩短审批流程的目的。对此，企业需建立采购订单的事后审计机制，审计人员将一段时间内的采购申请列表导出，着重对同一物资的采购申请进行分析，判断采购申请人是否存在"拆单"行为。

3.4 采购执行

采购执行流程包括供应商选择、价格确定、采购订单下达和采购合同签订 4 个三级流程。采购执行流程的主要风险和关键控制点取决于各类物资的采购方式。例如，对于适用于采用年度招标方式确定备选供应商、年度采购价格，依据招标结果签订年度框架协议的物资，在采购执行流程中，企业仅需按照订单模板下达采购订单。但是对于单次采购均需要使用询比价方式的物资，在每次采购执行流程中，企业均需通过询比价流程来签订采购合同。采购方式的不同决定了企业在采购执行流程中所面临的风险频率和风险后果不同。

根据《强化采购风险管控　提高企业采购效能——财政部会计司解读〈企业内部控制应用指引第 7 号——采购业务〉》，供应商选择流程的主要风险是供应商选择不当，可能导致采购物资质次价高，甚至出现舞弊行为。价格确定流程的主要风险是采购定价机制不科学，采购定价方式选择不当，缺乏对重要物资品种价格的跟踪监控，引起采购价格不合理，可能使企业出现资金损失。采购订单下达在实务中没有什么风险。采购合同签订流程的主要风险是框架协议签订不当，可能导致物资采购不顺畅；未经授权对外订立采购合同，合同对方主体资格、履约能力等未达要求，合同内容存在重大疏漏和欺诈，可能导致企业合法权益受到侵害。

3.4.1 不同采购方式的比较

《中华人民共和国政府采购法》（以下简称《政府采购法》）第二十六条规定了政府采购的方式，包括公开招标、邀请招标、竞争性谈判、单一来源采购、询价等方式。企业可以参考《政府采购法》中对政府采购的方式的规定来确定采购方式。相较于政府采购，企业采购的方式可以更灵活，无须照搬政府采购的管理流程。根据备选供应商的数量，企业采购方式可以分为单一来源采购和非单一来源采购。根据供应商选择的评价维度，非单一来源采购可分为仅考虑价格要素的询比价采购和考虑多种要素的招标采购。

1. 单一来源采购

单一来源采购是指由于供应市场仅存在唯一供方，企业只能向其采购。单一来源采购意味着企业面临较大的缺货风险和采购价格风险，并且由于供方处于交易过程中的强势地位，企业不得不在采购过程中承受其他风险。因此，一方面，企业在产品研发过程或者企业运营过程中应尽量避免使用唯一供方的产品；另一方面，由于单一来源采购过程中的大部分风险不可控，企业应加强单一来源采购的事前审批控制，充分论证单一来源采购的必要性，以降低企业可能面临的各类风险。

单一来源采购一般适用于以下情况。

（1）只能从唯一供应商处采购。

（2）发生了不可预见的紧急情况，不能从其他供应商处采购。

（3）为保证原有采购项目的一致性或者服务配套的要求，必须继续从原供应商处添购，且添购资金总额不超过原合同采购金额的一定比例。

2. 询比价采购

询比价采购是企业在采购执行流程中运用最多的一类采购方式，但在不同的企业中，"询比价"的定义存在偏差。有的企业认为，在询比价执行过程中应将价格最低者作为该项采购的备选供应商，而有的企业则认为，在询比价执行过程中价格仅仅是参考要素之一，要综合考虑各项要素之后再决定该项采购的备选供应商。例如，某企业科研部门申请购买一台实验仪器，并对仪器提出了各类参数要求，采购部门进行市场调研后分别向3家潜在供应商发送了询价函。3家潜在供应商的产品均符合科研部门提出的各类参数要求，但存在明显技术差异。3 家供应商的报价分别为 10 万元、20 万元和 35 万元。该项采购最终选择了报价 20 万元的供应商作为备选供应商，询比价审批表上也未列明选择原因。

但是，询比价采购方式作为单要素采购方式，决定备选供应商的唯一要素就是价格，报价最低的供应商才应作为备选供应商。其他的考量要素在询比价过程中应作为前置条件，只有满足所有前置条件的供应商的报价才有效。

询比价采购方式主要适用于采购货物规格、标准统一，现货货源充足且价格变化幅度小的物资。

3. 招标采购

招标采购方式主要适用于偶然发生且单项金额较大的采购。《政府采购法》和《中华人民共和国招标投标法》对公开招标、邀请招标的适用范围、操作流程和监督方式等进行了明确的规定。企业在管理过程中除了按照规定使用招标采购方式之外，也可以对招标采购方式的适用条件、操作流程等进行规范。当一项采购仅考虑价格要素无法确定备选供应商时，企业可以采用招标采购方式。但规范的招标采购流程较为复杂，涵盖招标申请、招标公告编制、评标、定标等。企业在执行招标采购流程时，为了提高管理效率、降低管理成本，可以对流程进行简化，以平衡执行效益和成本。例如，企业可以与备选供应商在招标完成后进行二次价格谈判，但招投标相关法律中明确禁止在招标采购过程中的二次价格谈判行为。

招标采购方式适用于除单一来源采购之外的所有采购行为。

3.4.2 不同采购对象采购方式的选择

不同的采购对象具有不同的风险特征。制造型企业在经营过程中可能涉及各类采购对象，如原材料、固定资产等。鉴于不同种类的采购对象的风险特征不同，其适用的采购方式也存在较大差异。

　　原材料包括主要原材料、辅助材料和包装材料。出于主要原材料对于企业生产经营重要性的考虑，企业会建立严格的供应商准入流程对潜在供应商进行考察，符合全部条件的潜在供应商才会被正式纳入企业合格供应商名录。但是由于各企业采购模式不同、主要原材料供应市场特性不同等，各企业在主要原材料采购环节面临的风险不一致，进一步造成了采购方式的不一致。

　　标准化程度较高、供应充足的主要原材料，企业一般选择询比价采购方式。采购部门向所有合格供应商发送询价函，报价低者作为备选供应商。为了提高管理效率，企业可以根据主要原材料的价格波动情况决定询比价的执行频率。对于市场价格波动极其频繁的原材料，如钢材等，企业应在每次采购时执行询比价。对于价格波动不频繁的原材料，如石油化工相关产品等，企业可以选择按月或按季执行询比价，在报价有效期内以该报价向备选供应商采购。对于价格基本不波动的主要原材料，企业可以选择按年执行询比价。

　　标准化程度较低、供应紧俏的主要原材料，企业一般选择招标采购方式。企业可以根据主要原材料的价格波动情况决定招标的执行频率。企业根据招标结果一般将合格供应商分为战略供应商、一般供应商和次要供应商。企业通过年度采购预算对年度采购用量进行预估，并确定战略供应商、一般供应商和备选供应商的供应比例。除非发生严重质量事件或供应不足等情况，企业一般不会调整供应比例。战略供应商的报价可以不是所有参与招标的供应商中最低的。

　　辅助材料和包装材料采购通常在企业原材料采购中占比较低，但有的企业的包装材料采购占比较高。**决定辅助材料和包装材料采购方式的唯一要素是其对企业的重要性。重要性强的参照主要原材料的采购方式执行，重要性弱的可以直接指定某一供应商作为唯一供应商，并每年与**

该供应商进行议价，以确定采购价格。

根据用途不同，固定资产可以分为设备类固定资产、家具类固定资产、信息系统类固定资产和其他固定资产。

设备类固定资产的投资金额较大、采购难度较高，一般使用单一来源采购或者招标采购的方式。

家具类固定资产一般单项价值不高，且不同品牌的家具在外观设计、主要材料等方面均存在差异。对于单次采购数量较多、金额较大的家具类固定资产，企业可采用招标采购方式。相反，对于单次采购金额较低的家具类固定资产，企业可以选择直接议价的方式。

信息系统类固定资产一般包括电脑、服务器和网络设备等。电脑的采购由工厂部门制定采购标准，并通过原厂或者京东、天猫等渠道选择价低者。采购服务器、网络设备等具备一定技术含量的信息系统类固定资产时，企业易发生舞弊行为。因此此类采购金额较大的信息系统类固定资产时，企业一般使用招标采购方式。

其他固定资产一般包括机动车、不动产等。由于这些固定资产存在特殊性，企业需要根据实际情况选择合适的采购方式。

除了有形类资产外，企业还会进行无形资产或者第三方服务的采购，此类采购的专业性程度高、采购过程复杂，在实际采购过程中，企业无法确定合适的采购方式。**对于复杂程度较高的采购，采购部门应该组织财务部门、法务部门等相关部门参与采购过程，共同执行采购决策。在所有采购行为中，无形资产的采购是企业最难管理、风险最高的采购行为之一。**

3.4.3 询比价采购方式的执行要点

询比价采购方式由于操作简便、执行效率高，是企业中使用频率最高的一种采购方式。但如果缺少对询比价执行过程的精细化管理，企业可能无法选出最优供应商。询比价执行过程中的执行要点通常包括合格供应商确定、报价单发送和回收、询比价结果汇总与审批。

合格供应商确定是正确执行询比价采购方式最重要的一步。 当企业拥有合格供应商名录后，企业应向名录内所有的合格供应商发送询价函。但当企业针对该类物资未建立合格供应商名录时，如何确定合格供应商便成了企业防范采购风险的关键控制点。**一般情况下，企业应尽可能避免由一位采购员推荐所有合格供应商，企业可以鼓励需求部门或者其他部门推荐来增加合格供应商，以降低采购员一人选择所有合格供应商可能存在的风险。** 询比价过程一般要求 3 家及以上的合格供应商参加，通常认为 3 家及以上的合格供应商数量可以保证询比价过程的公正性。

在报价单发送环节，一般都应由企业采购部门制作报价单模板，明确报价内容、报价范围、报价单位、截止时间和税金承担方式等，避免供应商报价格式存在差异导致报价无效。供应商复核报价单无误后，统一通过邮件或者传真等方式将供应商发送给企业。在报价单回收环节中，企业应设置报价单接收专用邮箱，并且在截止时间前禁止任何人打开邮箱接触报价单，防止有人泄露报价信息。回收报价单后，回收人员应对报价单进行检查，包括报价单有效性、合理性等。我曾经在检查报价单回函时发现，有 3 份 Excel 文档信息中记录的最后编辑人均是同一电脑用户，虽然 3 份报价单是从不同的供应商处发送来的，但是通过报价单回函可以判断，它们是由同一人编辑后，不同的供应商转发的。

报价单的回收应由独立于采购的第三人进行，该员工将各供应商的报价汇总并填写询比价审批表，然后提交至相关领导审批。若报价单回函数量少于 3 封，企业应重新执行询比价流程。此外，可能存在两家供应商均是最低报价的情况，此种情况下，企业应要求供应商进行二次报价以选择备选供应商。

3.4.4 招标采购方式的执行要点

　　招标采购方式适用于仅根据价格无法确定备选供应商，需要综合考虑技术维度和商务维度的各类要素以确定备选供应商的情况。为了保证招投标流程的公平、公正，招投标流程在被不断地完善。企业在招标过程中，虽然采购标的相较于政府公开采购标的较小，但还是应该重视招标采购流程中关键控制点的设计。招标采购方式的关键控制点与询比价采购方式的关键控制点相比稍显复杂，包括了备选供应商的确定，招标文件的制作、开标、评标和评标结果的审批。

　　在备选供应商确定环节，招标采购方式可分为公开招标与邀请招标。公开招标是指通过在企业官网、招标信息网站等发布招标信息，向所有潜在供应商发出招标邀请，以保证招标采购方式的效果。但由于企业招标标的通常太小，采用公开招标方式可能存在没有供应商投标的情况。此时，企业可以采用邀请招标方式。采用邀请招标方式时，企业应对经过前期供应市场调研、供应商资格初步审核通过后的合格供应商发送邀请招标函。**对于部分重要招标采购，企业一般经过供应市场调研确认适合参加此次招标的供应商长名单，该名单一般包括 7~8 家供应商。供应商长名单确认后，企业通过现场考察等方式对该名单上的供应商的资质、参与意愿度等进行评价并最终选择 3~5 家供应商作为备选供应商，形成供应商短名单。**

　　由于招标采购方式一般适用于较为复杂的采购项目，招标文件的编制比询价采购方式中使用的报价单编制的难度更高。采购部门应该组织需求部门共同编制招标文件，必要时可以邀请外部专家参与编制，以在招标文件中明确采购需求、技术标准等关键内容。**除上述内容外，招标文件中最重要的一部分内容是评分标准的设计。例如，有的企业通过修改评分标准的权重，将有利于某一供应商的潜在评分提升，以影响招标结果，这是不可取的。**

　　评分标准的设计的重要内容是确定商务部分和技术部分的分配比例，一般建议商务部分的比例为 40%~60%。商务部分一般使用平均价格法和最低价格法进行评分，平均价格法指的是将所有供应商的报价的平均价作为基准价，按照各供应商与基准价相比的偏离程度进行打分。技术部分的评分指标、评分权重等主要根据所采购的物资的性质进行设置，无法适用统一的标准。最低价格法主要指的将所有供应商的报价的最低价作为基准价，按照各供应商与基准价相比的偏离程度进行打分。

　　有的企业将资质要求作为评分指标之一。若该资质属于强制要求的要求，则应该将其作为资质审查的标准；若该资质属于非强制要求的要求，则可以作为评分指标。例如对于工程基建项目，企业可以明确拥有一级建筑资质的供应商得 5 分，拥有二级建筑资质的供应商得 3 分，拥有三级建筑资质的供应商得 1 分。

　　评分权重、评分指标的缺失也将直接影响招标采购的效果，企业应尽可能量化评分权重、评分指标。例如，对于同类项目经验，企业可以设置拥有 10 个及以上同类项目经验的供应商得 5 分，拥有 5 个及以上、10 个以下同类项目经验的供应商得 3 分，拥有 3 个及以上、5 个以下同类项目经验的供应商得 1 分。

案例——评分标准设计

　　招标采购评分标准的设计一般包含基础资质、技术部分和商务条款 3 个部分的内容，其中占比较高的是基础资质。根据行业惯例，建议对于市场供应充足、技术含量不高的通用性物资，报价占比设置为 60% 左右；对于供应商较少，技术含量高的采购物资，报价占比设置为 40% 左右。

　　本案例是厂区保安服务招标项目，原有评分表存在将资质情况作为评分指标之一、评分指标未明确评分标准等问题，如表 3-1 所示。因为此评分表存在设计缺陷，所以依据此评分表选择的供应商不是最优供应商。

表 3-1　原招标评分表

序号	评分内容	评分指标	权重	评分细则	设计缺陷
1	基础资质	背景调查	20%	法务对供应商的背景调查（依据裁判文书、企业信息查询平台等）	将资质作为评分指标之一，入围的所有供应商均不存在资质问题，该项评分指标失效
		现场调查		现场调查打分结果	前期现场考察主要为了确定供应商长名单，现场调查打分结果不应该作为正式的评分指标，该项评分指标失效
2	技术部分	方案	45%	人员配置优化：岗位是否合理，实际人员排班是否合理等。运维计划及文档资料等表单的建立：人员的日常管理守则，日常沟通，定期开展会议的规定，针对投诉的处理流程等。交接方案合理性：交接前期的准备内容，交接的具体实施方案等	
		福利		工资、员工体检、相关津贴、高温费、社保、宿舍等	针对此项评分指标，供应商无法提供相应资料，企业也无法明确评价标准，该项评分指标不合理

续表

序号	评分内容	评分指标	权重	评分细则	设计缺陷
3	商务条款	报价	30%	价格有竞争力	报价部分权重太低，由于保安服务各供应商差异化程度较小，应提高报价部分权重。此外，评分细则缺失，该项评分指标失效
		付款条件		付款周期，是否可垫资等	未明确评分细则，该项评分指标失效
4	其他	增值服务	5%	其他有利于企业对供应商进行评估的内容	

修改后的招标评分表如表3-2所示。

表3-2　修改后的招标评分表

序号	评分内容	评分指标	权重	评分细则
1	报价部分	报价	40%	以所有有效报价的最低价作为基准价，每高于基准价1%扣0.5分
2	技术部分	方案	40%	人员配置优化：岗位是否合理，实际人员排班是否合理等。 运维计划及文档资料等表单的建立：人员的日常管理守则，日常沟通，定期开展会议的规定，针对投诉的处理流程等。 交接方案合理性：交接前期的准备内容，交接的具体实施方案等

续表

序号	评分内容	评分指标	权重	评分细则
3	商务条款	历史业绩	10%	可根据实际情况设置分值； 不具备同类项目经验或者同类项目经验少于3个的供应商，得0分； 拥有同类项目经验3个及以上、5个以下的供应商，得3分； 拥有同类项目经验5个及以上、8个以下的供应商，得5分； 拥有同类项目经验8个及以上的供应商，得10分
		付款条件	5%	付款周期为一个月的供应商，得3分； 付款周期为两个月的供应商，得5分
		增值服务	5%	提供增值服务的数量。 提供增值服务符合公司要求的，得5分； 提供增值服务不符合公司要求的，得0分

3.5 采购验收

备选供应商确认后，企业应与备选供应商签订采购合同并管理供应过程。采购合同签订与审批流程将在合同管理部分予以详细介绍。管理供应过程由于在企业实践中较难形成流程化的管理要求，供货及时性的风险主要在供应商管理和采购执行管理流程中予以控制。

采购验收的目的主要是确保所采购物资的数量和质量与合同约定相符。根据《强化采购风险管控　提高企业采购效能——财政部会计司解读〈企业内部控制应用指引第7号——采购业务〉》，采购验收环节的主要风险包括验收标准不明确、验收程序不规范、对验收中存在的异常情况不做处理，可能造成账实不符、采购物资损失。

采购验收环节的关键控制点根据所采购物资种类的不同存在较大差

异，企业需要设计不同的采购流程，以降低所采购物资在数量和质量方面的风险。

3.5.1 生产相关物资验收关键控制点

生产相关物资采购验收主要指与生产相关的各种主要原材料、包装材料和辅助材料等的采购验收。生产制造企业均会根据质量体系的要求制定《来料检验管理规范》，对各类主要原材料质量检查标准、抽验数量等进行明确的规定。到货时，仓库管理员首先根据到货通知单的信息对物资的品类、规格、数量等进行外观验收，外观验收通过后将物资放置在待检区并通知质量部门进行质量验收。质量部门根据《来料检验管理规范》规定的验收标准进行质量验收，质量验收通过后填写验收单并在物资包装上粘贴检验合格标识。仓库根据验收单上验收通过的数量在系统内执行入库操作。

当存在来料检验不合格时，质量部门应对不合格情况进行判定并根据企业制度决定是否进行让步接收。若来料仅有部分细微瑕疵且不影响产品生产，质量部门应通知采购部门与供应商协商让步接收条件，经过企业领导审批后执行。若来料质量问题较为严重，则质量部门应通知采购部门联系供应商退货。

由于运输过程中的合理损耗或者供应商多送，实际到货数量可能少于或者多于采购订单数量。企业应在管理制度中明确合理损耗，在合理损耗范围之内，企业按照实际到货数量执行入库操作。**当实际到货数量与采购订单数量之间的差值超过合理损耗时，采购部门应及时通知供应商补发。当实际到货数量多于采购订单数量，且企业无须为多余部分支付款项时，仓库应依据实际到货数量执行入库操作。若供应商多送的物资超过了合理的比例并且供应商要求企业支付相应的采购款时，仓库应及时联系采购部门将多余物料退给供应商。**

因为生产相关物资采购验收环节的发生频率高、重要性高，所以其验收流程执行的效率非常重要。有的企业为了降低原材料库存，采用了准时制生产方式，原材料一经验收就会被直接送往生产现场。采购验收要求验收各环节间信息的传递一定要及时、准确。采购部门应及时将到货时间、到货物料到货数量等关键信息告知仓库，仓库应做好收货准备。仓库收货完成后应及时通知质量部门进行检验，质量部门检验完成后也应及时将信息反馈至仓库，仓库执行入库操作。但有的企业由于存在一个或者两个信息沟通环节的缺失，最终导致采购验收流程执行不顺畅。

在生产相关物资验收环节中，为了提高管理效率，企业也可对部分供应商提供的各类物资实行免检制度。例如企业可通过派遣相关员工直接进驻供应商生产现场来对供应商的生产质量进行监督，通过将供应商生产质量控制前置来降低验收环节的控制成本。

3.5.2 固定资产采购验收关键控制点

固定资产采购验收流程的关键控制点不同于生产相关物资采购验收流程的关键控制点，两者主要在参与部门、验收标准化程度和验收执行难度方面存在较大差异。**固定资产采购验收流程一般应由采购部门、需求部门参与验收工作，设备类固定资产可能还将涉及设备部门、工艺部门等技术部门共同参与验收工作。**由于有的设备技术含量较高，企业可能还需要聘请第三方专家参与验收工作。

此外，若部分办公类固定资产直接采购于各大电商自营平台，企业仅需就到货数量、型号等信息进行验收。在实际执行过程中，企业可以根据供应商的资质信用或产品情况适当降低验收标准。在验收执行过程中，企业应严格执行不相容职务相分离的要求，即采购执行人不能参与采购验收工作。但实际上可能存在采购执行部门和需求部门是同一部门的情况，例如行政部门负责办公家具的采购的同时也是家具的需求部门，此时采购执行部门应该邀请第三方部门参与验收工作并共同在验收单上签名确认。

此外，企业一般无法在设备刚到货时就判断出该设备在质量方面是否符合企业的要求，**需要进行试运行后才能进行正式验收**。设备到货时，采购部门一般会通知需求部门、设备部门、工艺部门进行联合验收，并出具预验收单，该预验收单将作为财务部门将设备计入在建工程的依据。**当设备安装完毕并顺利运行后，设备使用部门应组织设备部门、工艺部门等参与设备终验，验收完成后将验收单交至财务部门，由财务部门进行固定资产入账处理。**

3.5.3 其他物资采购验收关键控制点

企业一般会建立相对完善的有形资产采购验收流程，但是对于无形资产和服务，如信息系统、咨询服务或者知识产权等，往往未建立采购验收流程。**无形资产、部分服务**的采购验收工作与有形资产的采购验收工作相比较为复杂，因为其具有实施周期长、验收标准复杂和专业程度高等特点。对于此类采购，**一方面，企业应在合同洽谈中增加质量保证条款并约定一定期限作为质保期，质保期满后才支付最后一笔款项；另一方面，企业在验收过程中一定要组织需求部门、财务部门或者聘请外部专家对所采购物资按需求逐条进行验收并记录验收结果。**对于部分交付形式较为简单的无形资产，采购部门组织需求部门共同参与验收工作即可。

除了金额较大的采购外，部分采购由于**金额较小**，在财务上不视同固定资产进行账务处理，而在采购完成后，其采购款**直接计入当期费用**。由于采购验收流程风险较小，**此类采购的验收通常由接收人简单清点数量并在送货单上签名确认即可。**

3.6 采购付款

　　采购付款是指企业在对采购预算、合同、相关单据凭证、审批程序等内容审核无误后，按照合同约定的付款条件及时向供应商办理款项支付的过程。根据《强化采购风险管控　提高企业采购效能——财政部会计司解读〈企业内部控制应用指引第 7 号——采购业务〉》，采购付款环节的主要风险是付款审核不严格、付款方式不恰当、付款金额控制不严，可能导致企业资金出现损失或信用受损。

　　采购付款流程的关键控制点可以分为**应付账款入账**和**付款审批**两个环节。仓库在验收完成后，需在信息系统内关联采购订单并录入入库信息。采购部门收到供应商发票后，需在信息系统内录入采购发票信息并关联至采购订单。信息系统会自动对采购订单、入库单和采购发票信息进行核对，包括货物名称、数量和金额等，核对一致，会自动进行应付账款确认工作。财务部门根据采购合同内容在信息系统中维护付款账期。当付款账期到期时，ERP 系统会自动发起付款申请，经过相关人员审批后通过银企直连功能直接完成付款动作，信息系统还会自动根据支付结果生成会计凭证。

　　大型企业通过先进的信息系统实现了对应付账款确认和付款环节的控制。曾经有一家中小型企业作为某大型企业的供应商，其对该大型企业的付款准时性感到非常惊讶。大型企业通过供应商管理系统查询到发票入账时间后，按照合同约定的付款期限保证，该中小型企业一定会准时收到货款。中小型企业受限于信息系统的运用和流动资金的限制，未在信息系统中使用应付账款模块，无法自动执行"三单匹配"和银企直连功能，且其采购付款环节仍偏重于以人工控制为主。首先，中小型企业的采购付款管理相对于大型企业而言更加困难。**很多中小型企业没有区分应付账款入账和付款审批之间**

的关系，采购付款流程设计得极其复杂，除了采购发票背后需要很多人签字外，付款审批单还需要经过很多人签字后才可支付。此类流程非但没有控制住风险，而且由于流程审核人数过多且未明确审核责任，实际等同于无人审核，冗长的流程直接影响了管理效率。建议**中小型企业在采购付款流程设计时要注意区分应付账款入账和付款审批两个关键控制点**。在应付账款入账环节，若系统不具备"三单匹配"功能，则由采购部门收到发票后发起发票入账申请，填写采购订单编号；仓库管理人员对发票入账申请中的实际入库情况进行复核，复核无误后签字确认；财务部门检查发票真实性、完整性，并与采购订单和入库信息核对，核对一致后进行账务处理。

在采购付款环节，**部分中小型企业流动资金不足以按时支付采购款，因此制定付款计划会比单笔付款审批流程更重要**。当企业的流动资金不足以全额支付供应商相应采购款时，每月月末企业应按供应商的重要性，结合应付账款账龄等因素综合制订付款计划，付款计划制订完成后提交至各级领导审批。**在实际付款时，对于列入付款计划的应付账款，财务部门可以直接在月内付款；对于未列入付款计划的应付账款，财务部门应额外提交付款审批单，经过各级领导审批通过后方可付款。除此之外，企业应该加强对预付账款的管理，在制度中明确应付账款的付款限额和付款比例，避免出现大额预付或者 100% 预付**，因为预付账款支付后供应商消失的案例屡见不鲜。对于金额较大的预付账款，采购部门应组织财务部门、法务部门等对供应商进行信用调查，出具信用调查结论，经相关领导审批通过后方可付款。

3.7 供应商管理

供应商管理是采购流程中非常重要的一个环节，其他很多流程的关键控制点均是基于完善的供应商管理流程设计的。供应商的供应能力将直接决定采购流程的执行效率，例如对于优质的供应商，企业可以精简采购验收的流程等。大型企业一般会根据质量体系的要求建立完善的供应商管理体系，但中小型企业内部往往会忽视供应商管理体系的建设。一方面，企业的主要供应商均是伴随着企业创始人一路走来的，企业创始人对其较为信任。另一方面，中小型企业的规模较小，只能与企业规模相近的供应商开展业务，体系化的供应商管理流程在中小型企业内部无法保证落地执行。因此，企业应该建立符合企业经营特点的供应商管理流程，以取代依赖于信任关系的粗放式管理模式。

3.7.1 供应商管理的适用范围

供应商管理体系包含供应商准入、合格供应商名录、供应商定期评价和供应商退出等流程。但供应商管理体系并不适用于企业的所有供应商。符合以下特征的供应商一般不需要纳入供应商管理体系予以管理。

（1）小额、零星交易供应商。

小额、零星交易指的是企业全年采购频率为1~2次，或者虽然全年采购频率较高，但是全年采购金额较低的交易。对于此类交易的供应商，企业仅需在采购前进行评价，以判断其是否符合企业采购的相关要求，无须将其纳入供应商管理体系的范围。

（2）国际或国内知名企业。

若企业的供应商属于国际或国内知名企业，说明其质量管理体系建设得十分完善，并且每年都需要经过质量管理体系的评审。此外，属于大型企业的供应商有时也无法配合企业提供各类供应商准入的材料和年度评价的材料。因此，属于国际或国内知名企业的、年产值规模较大的供应商，也不用纳入供应商管理体系。

（3）大型电商平台。

部分非原材料物资出于使用需要可能会进行定期批量采购，例如电脑等办公设备。当在京东、天猫等互联网平台上采购时，出于信赖和执行可行性的角度，企业也无须对此类供应商进行管理。

因此，供应商管理的适用范围可以概括为**采购频率较高、金额大的非知名供应商**。企业应每年对与企业合作的所有供应商进行筛选，明确需要纳入企业供应商管理体系的供应商。

3.7.2 供应商管理的关键控制点

供应商管理的关键控制点一般包括供应商准入及审批、供应商评价、供应商日常管理和供应商退出。

新供应商通过企业内部的供应商准入及审批流程后，企业方可与之开展交易。企业通过公开信息搜集、供应商申请等渠道开展供应商寻源工作，由采购部门填写《供应商基本情况表》提交至相关领导审批。对于重要物料的供应商，采购部门应该组织财务部门、生产部门和技术部门等共同建立现场评价小组，对供应商进行现场评价并出具评价意见。现场评价通过后，质量部门会组织对供应商产品的小批量试用，小批量试用一般会持续 3~6 个月。试用期满后，质量部门和生产部门会对供应商产品发表意见并填写《产品试用评审表》。通过试用评审流程的供应商将纳入合格供应商名录，企业可以向其进行大批量采购。

供应商日常管理包括供应商档案的管理。当供应商基本资料发生变化时，企业应及时更新供应商档案。**供应商日常管理中还有一个非常重要的事项就是供应商的飞行检查。**飞行检查是指在不通知供应商的前提下，采购部门组织质量部门、生产部门等相关部门至供应商现场进行检查，检查内容包括产品质量、生产现场管理、质量管理等，并根据检查结果提出供应商处理意见。

　　企业每年都应该进行供应商评价，供应商评价的适用范围按照供应商管理的标准进行选择。采购部门应组织财务部门、生产部门、质量部门或者技术部门等相关部门组成供应商评价小组，按照《供应商评价标准》对供应商进行评价，并将评价结果提交至企业相关领导审批。

　　供应商管理的最后一个关键控制点就是供应商评价结果的运用，**评价结果达到合格供应商标准的供应商，企业将继续保留其合格供应商资格；评价结果部分未达到合格供应商标准的供应商，企业将要求其加以改进并且降低对该供应商的采购比例；评价结果完全未达到合格供应商标准的供应商，企业则会将其从合格供应商名录中删除。**企业应建立两级供应商退出机制，一级为将供应商移除合格供应商名录，另一级为将供应商直接纳入黑名单。移除合格供应商名录的供应商一般在 3 年内不得再次申请成为该企业的供应商；对于进入黑名单的供应商，该企业将永远不与之合作。纳入黑名单的触发条件一般包括发生质量问题拒不根据企业要求整改、发生重大质量事故导致企业利益遭受损失，或者发生商业贿赂等。

3.7.3 供应商现场考察及年度评价操作细则

　　供应商管理的关键控制点设计非常简单，优秀的供应商管理体系不在于关键控制点的设计，而在于现场考察和年度评价的标准如何设计、如何客观公正地反映供应商的供应能力。总结各类企业的供应商评价维度，企业一般可以从以下维度中挑选出适合企业自身采购特点的评价维度。

　　（1）供应商基本情况。

　　基本情况资料是对供应商供应能力的基本判断，通常包括对企业知名度、供应商占有率、竞争对手供货数量、全系列供货能力等因素的评价。

企业知名度：主观评价指标，一般可以分为国际知名企业、国内知名企业和不知名企业等子维度。

供应商占有率：客观评价指标，一般以该供应商在供应市场中的占有率作为评价标准并进行评价。

竞争对手供货数量：客观评价指标，一般以该供应商向企业竞争对手供货数量作为评价标准并进行评价。

全系列供货能力：客观评价指标，一般以供应商所能供货的物资类型及数量作为评价标准并进行评价。

（2）生产制造能力。

生产制造能力是对供应商的生产进行调查和评价，一般包括对产能情况、设备状况、生产员工能力和生产管理控制能力等因素的评价。

产能情况：主观评价指标，主要包括对供应商的理论产能、实际产能、闲置产能和产能增加潜力进行评价，以评估供应商的供货及时性。

设备状况：主观评价指标，主要包括对供应商的设备先进性、主要设备技术参数进行评价。

生产员工能力：主观评价指标，主要包括对一线员工的学历、工作经验、技能熟练度和稳定程度，生产管理人员的工作经验、技术能力等进行评价。

生产管理控制能力：主观评价指标，主要包括对生产现场的管理情况进行评价。

（3）质量管理能力。

质量管理能力是对供应商生产过程中的质量管理流程进行调查和评价，一般包括对质量体系认证资质、来料检验有效程度、过程检验有效程度、出库检验有效程度等因素的评价。质量管理能力是针对已与企业达成合作的供应商开展年度评价时的重点关注维度。

（4）物流和交货能力。

物流和交货能力的子维度包括交货期、运输灵活程度（是否有发货数量限制、是否可以混装发运等）、紧急发运配合程度、备货情况等。与质量管理能力评价类似，此部分指标也主要针对已与企业达成合作的供应商。

上述四个维度包含了若干子维度，企业可以根据实际情况选择合适的指标作为供应商准入或者年度评价的参考指标。指标确定后，企业应根据重要性程度确定各指标的权重和具体的评分细则。

3.8 案例分析——"集采"也会出漏洞，A 公司损失百万元

案例回放

A 公司为某国际知名快消品企业在大陆境内成立的独立子公司。自成立以来，A 公司一直沿用较为传统的分散采购方式，由各需求部门自行实施采购。直到 2017 年，A 公司为了提高采购效率与提升经营效果，防范采购风险，对采购进行了全面改革，推行集中采购政策。A 公司按不同的需求目的，将采购工作分为两大类：生产部门下辖采购部门主要负责采购生产用原材料；公司采购部门主要负责采购非生产用原材料及其他物资，包括生产用辅助材料、包装材料、办公用品、服务等。

2018 年，采购改革实行后一年，A 公司为了检验集中采购政策的实施效果，命内审部门针对采购开展了一次专项检查。内审人员在对某包装填充物进行检查时，通过市场调研发现该填充物原厂市场报价为 850元 / 卷，远低于 A 公司现行采购价 1200 元 / 卷。如果按每卷 350 元的差

价计算，初步估算，A 公司为此已损失了百万元。这个结果出人意料……

经了解，该填充物由于具有特殊的防冲撞设计与独有的生产工艺，能有效降低货物在运输过程中的损耗，的确是最理想的包装材料之一。但是该填充物生产厂家从不对外直接销售，主要由几家固定的经销商负责销售事宜。在采购改革前，A 公司一直以来都是通过 B 经销商采购相关物资，并协议以 1250 元 / 卷的价格定期结算。

2017 年，A 公司实行采购改革，根据集中采购政策的规定，公司采购部门代替原需求部门，负责该填充物的集中采购。从归档的采购资料分析，公司采购部门在接手该采购项目后，专门组织了询比价采购流程，同时邀请了 3 家经销商参与比价。评比记录说明，在同等质量的条件下，B 经销商以比原协议价低 50 元 / 卷的最低报价 1200 元 / 卷获得与 A 公司继续合作的机会。

整个询比价过程似乎合情合理，但随着调查工作的深入，内审人员了解到，公司采购部门在 2017 年年初接手 A 公司所有采购事宜时，为节省时间，提高效率，采购人员在询比价时，所选择供应商的所有信息，如联系方式等，居然都来自原采购部门，并未亲自筛选供应商，所以各经销商的报价信息的真实性也就可想而知，"集采"询比价的结果如此离奇也就不足为怪。

案例分析

A 公司询比价过程看似完全符合内部控制管理要求，但实际采购价格却远高于该产品实际市场价格。为何看似完善的采购流程却导致了这样的后果？

企业询比价流程通常会分为 3 个重要的环节：供应商选择、报价单发送与接收、评审与确定供应商。任何一个环节的疏漏都有可能使企业出现损失，但企业往往更重视对后两个环节的管理，容易忽视对供应商选择环节的控制。

　　此案例中，正是因为 A 公司负责集中采购的采购人员草率地选择了原采购部门推荐的供应商，且未慎重地进行筛选，就允许该供应商参与询比价，才会发生案例中的"怪象"。因此，如何正确地进行供应商的选择成了询比价结果是否合理的关键。在实施过程中，供应商选择通常有两种操作方法：第一种是在企业已建有较为完善的采购物资的合格供应商名录的前提下，此时询比价操作方式较为简单，只需在合格供应商名录内按要求随机选择 3 家以上供应商，执行采购询比价流程即可；第二种是若企业针对某物资的采购尚未建立合格供应商名录，采购人员在进行询比价时，需重新寻找供应商并审核其资质，按照供应商准入程序，将新的供应商纳入合格供应商名录，待其成为企业的合格供应商后，方可向其发放询价函，该供应商才有资格参与此次询比价流程。

　　除以上提到的两类情况外，在供应商选择环节，企业还需关注以下事项。第一，无论供应商来自哪个渠道，参与询比价的供应商必须是企业的合格供应商。第二，采购人员在整个询比价过程中，从供应商选择开始，都必须保持应有的独立性。这样对供应商的选择才能真正做到公平公正，最大限度地维护企业的利益。

　　在上述案例中，接任采购工作的人员在接收原采购人员提供的供应商信息后，未独立地对供应商资质等信息进行核实调查，而是直接采用原采购部门提供的供应商信息及联系方式进行后续的沟通。这直接导致了后续的询比价结果完全失去了原来的意义，所谓的评审也是"空中楼阁"，最终造成了案例中实际采购价格过高的"怪象"。

第 4 章 | 销售管理主要风险及关键控制点

销售与收款循环相关的内部控制一直是监管机构和注册会计师关注的重点，安然公司的财务舞弊问题直接加快了《萨班斯法案》的出台，并且《萨班斯法案》明确了关于企业内部控制相关的管理规定。除此之外，企业快速发展的过程其实就是销售收入不断增长、客户不断增加的过程。处于不同发展阶段、不同行业的企业由于销售业务的特点不同、复杂程度不同，销售管理对应的内部控制流程也不尽相同。本章主要围绕销售管理的两大目标——销售收入的稳定增长和销售款项的及时收回，帮助处于不同发展阶段、不同行业的企业建立适合的销售管理内部控制体系。

4.1 销售管理流程概述

　　根据《规范销售行为　扩大市场占有——财政部会计司解读〈企业内部控制应用指引第 9 号——销售业务〉》，销售管理流程的控制目标可以用通俗的两句话来描述，分别是把货卖出去、把钱收回来。但实际上，内部控制只是企业内部管理的一个工具，企业无法通过建立完善的内部控制体系就保证把货卖出去。**产品销售的过程是极其复杂的，除了销售的具体流程之外，企业的品牌形象、产品力、市场推广方式和销售人员的能力也是决定企业销售收入的关键要素。但是对于上述事项，内部控制无法发挥作用，甚至在有的时候还成了销售收入增长的绊脚石。**

　　销售回款的目标是大部分企业均关注的主要指标之一，及时的销售回款能够有效降低企业面临的流动资金紧缺风险。与销售回款相关的关键控制点主要包括客户信用管理和应收账款的对账、账龄分析和催收。**在企业经营过程中，客户信用管理的实质不在于企业是否建立了信用管理流程对客户的授信进行管理，而在于如何通过定量与定性相结合的方式相对客观地管理客户的授信额度，然而内部控制无法解决该问题。**此外，应收账款的对账、账龄分析和催收并不能直接改变销售款项无法收回的结果，仅仅是让企业知晓相关信息罢了。

　　虽然销售管理内部控制看似无用，无法解决企业在实际销售过程中遇到的问题，但是各类企业仍需建立销售管理内部控制体系。**一方面，监管机构重点关注销售管理流程，企业若有挂牌或者上市的考虑，销售管理内部控制一定是整体内部控制体系建设的重要部分。另一方面，销售管理内部控制尽管无法直接保证销售收入的增长，但是通过规范销售**

流程、制定相关标准，可以降低企业在销售管理过程中面临的风险。

　　销售管理不同于采购管理，采购管理根据不同采购对象设计的采购管理流程可能存在较大差异，但销售管理的二级流程和关键控制点不会因销售产品类型的不同或者销售模式的不同而有较大的差异。因此，企业销售管理流程均按照流程执行顺序进行划分。**销售管理流程一般可划分为销售计划与审批、客户开发与信用管理、销售定价、销售发货、销售回款、售后服务管理等二级流程。若涉及经销商销售，还需增加经销商管理二级流程。**

　　不同企业的销售对象、销售模式的差异决定了对于同一关键控制点，不同企业的控制方式可能完全不同。销售客户差异，如面向 B 端客户和面向 C 端客户时，会导致客户管理、销售价格制定等流程存在明显的差异。销售模式差异，如直销模式和经销模式，会导致销售计划制订、客户管理和销售价格制定等流程存在较大的差异。同样是经销商销售模式，零售行业的经销商管理和工业的经销商管理的重点也存在较大差异。销售管理流程概览如图 4-1 所示。

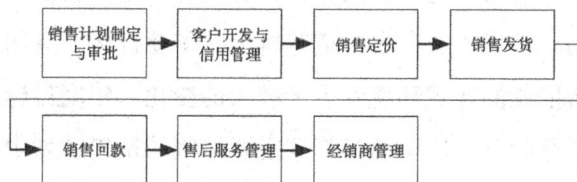

图 4-1　销售管理流程概览

4.2 销售计划制订与审批

　　根据《规范销售行为　扩大市场占有——财政部会计司解读〈企业

内部控制应用指引第 9 号——销售业务 〉》，销售计划环节的主要风险是销售计划缺乏或编制不合理，或未经授权审批，导致产品结构和生产安排不合理，难以实现企业生产经营的良性循环。销售计划制订与审批的关键控制点设计非常简单，根据时间维度，销售计划可划分为年度销售计划、季度销售计划和月度销售计划。年度销售计划一般包含在年度预算内提交至董事会审批，季度销售计划和月度销售计划由各区域或各产品销售人员上报，经销售管理部门汇总后提交至企业营销总监、总经理审批后下发。销售计划是生产计划、采购计划编制的起点。

制订销售计划的目标主要有两个，**一是作为销售管理的重要工具，明确销售目标，用于销售人员的考核；二是作为企业运营计划的起点，生产计划和采购计划均需参照销售计划制订。**

针对这两个目标的销售计划的编制思路和流程是不同的。 但是大部分企业在编制销售计划时并没有区分销售计划的编制目标，将出于销售管理需要和出于供应链需要混为一谈。

对于出于销售管理需要的销售计划的编制，企业应结合企业战略、外部宏观市场等要素制定企业的整体目标，并将整体目标层层分解，最终分解至产品、销售人员或者渠道等维度。年度目标一旦制定不会轻易改变，除非所依赖的客观环境发生了较大的变化。年度目标还将按照月度或者季度进行细分。出于销售管理需要编制的销售计划中的计划销售数量一般会比实际可达到的销售数量更高。此外，根据年度目标分解出的月度或季度销售计划一般不会轻易变更。

对于出于供应链需要的销售计划的编制，企业应结合客户的实际需求和现实情况制定企业的销售目标，一般季度或月度的销售目标准确性较高。客户的交货周期、生产周期和采购周期共同决定了销售计划的编制频率。在理想情况下，客户愿意等待，在销售订单下达后，企业才开始进行采购、组织安排生产，最终将产品交付给客户。在此种模式下，企业不需要编制出于供应链需要的销售计划。但企业一般无法完全面向订单生产或者采购，销售计划的编制不可或缺。提高销售计划的准确性就成了每个企业都要面临的问题，销售计划的准确性与营运资金的占用呈反比关系。

提高销售计划的准确性主要取决于两个要素，分别是**销售计划编制的频率和销售数据的预测**。企业需要综合考虑采购周期和生产周期，以确定销售计划编制的频率。一般情况下，销售计划编制的频率要大于采购周期和生产周期之和。采购周期是指物料从采购订单下达到生产部门领用的时间，生产周期是指从物料领用到做成成品发送给客户的时间。销售数据的预测一般会参考去年同期的数据、上一期的数据进行比对分析。此外，企业可以将整体的销售数据作为因变量，再选取部分宏观经济指标作为自变量，然后通过多元回归的方法进行建模，以获取准确的销售预测数据。

4.3 客户开发与信用管理

《企业内部控制应用指引第 9 号——销售业务》第五条的规定："企业应当健全客户信用档案，关注重要客户资信变动情况，采取有效措施，防范信用风险。企业对于境外客户和新开发客户，应当建立严格的信用保证制度。"根据《规范销售行为　扩大市场占有——财政部会计司解读〈企业内部控制应用指引第 9 号——销售业务 〉》，此环节的主要风险为客户档案不健全，缺乏合理的资信评估，可能导致客户选择不当，销售款项不能收回或遭受欺诈，从而影响企业的资金流转和正常经营。故设置此环节的目标是保证销售款项可以及时收回。

客户开发与信用管理的关键控制点主要包括如下内容。

开发新客户时，销售部门应根据企业要求搜集相关材料并提交至财务部门或信用管理部门。财务部门或信用管理部门对客户的信用情况进行审核，并根据企业制定的信用标准确定新客户的信用额度和信用账期。销售部门应将客户资料归档保管。每笔订单下达时，财务部门负责审核客户的信用额度使用情况，当本次订单超出信用额度时，拒绝出具发货通知单。销售部门、财务部门或信用管理部门应密切跟踪客户的信用变化情况，定期开展客户信用跟踪评估，并根据跟踪评估结果调整客户的信用额度和信用账期。

信用管理的关键控制措施类似于供应商管理，99% 的企业管理者认为信用风险是企业面临的主要风险，并且十分赞同上述关于信用管理关键控制措施的流程设计。但是，所有企业管理者都会提出一个问题："究竟该如何评估信用风险，确定一个客户的信用额度和信用账期呢？"若出于合规需要，企业仅需建立上述关键控制点。至于如何确定客户的信用额度和信用账期，企业可以制定较为模糊的评价标准。信用管理关键控制措施对企业管理者来说是一个非常有效的销售工具，但企业给予客户比竞争对手更长的账期时，同等条件下大多都会增加企业的收入。但是如何控制这个度，正如上文所说，是所有企业管理者都关心的问题。

面对不同的销售对象以信用管理的适用情况是不同的。在目前的商业环境中，企业与个人客户的交易一般采用现结的形式，企业几乎不需要对个人客户进行信用管理，除金融行业外。由于业务模式不同，有些企业也不需要建立信用管理流程。例如，以项目制作为交付的企业中的咨询公司或者软件公司等，对客户信用风险的考虑应该在项目报价和付款比例中予以体现。**信用管理主要适用于与企业保持持续性的交易关系，并且每次交易的标的相同或者类似的客户。**

信用风险给企业带来的后果是销售款项无法收回。在实际销售过程中，销售款项无法收回的原因主要包括：①产品质量问题导致无法收回销售款项，此原因与信用风险无关；②客户恶意欺诈导致无法收回销售款项，此原因与信用风险有关；③客户恶意拖欠导致无法收回销售款项，此原因与信用风险有关；④客户经营不善导致无法收回销售款项，此原因与信用风险有关；⑤客户遗漏付款导致无法收回销售款项，此原因与信用风险有关。在一般商业关系中，企业仅在上述列示的部分事项中面临信用风险。随着国家相关法律法规的不断完善、经商环境的持续改善，企业在正常经营过程中遇到恶意欺诈的情况越来越少。此外，对于恶意拖欠的客户，企业完全可以通过诉讼的方式收回销售款项。对于客户遗漏付款的情况，企业也可以通过及时与客户对账、建立催收流程等方式予以规避。因此，企业面对的信用风险仅仅针对客户经营不善，无力支付企业销售款项的情况。

金融行业信用管理与其他行业的信用管理不同，金融企业收集了几十万家各类型企业的数据样本，其中包括顺利还款和遭受损失的样本。在大数据分析技术突飞猛进的今天，金融企业可以使用聚类分析法、神经网络模型等大数据分析技术识别每一家企业所具备的信用风险。为了降低自身面临的信用风险，针对信用风险高的企业，金融企业会采取较高的销售价格。**但是在一般制造业中，企业不可能获得数量与金融企业相等的信用风险数据，也无法运用数学或者统计理论分析信用风险，仅能借鉴金融企业信用管理的相关成果。**

信用管理包括确定客户的信用额度和信用账期，**企业应首先确定客户的信用额度。**信用额度的确定需要综合考虑客户的年交易额、交易频率和单次交易额等要素。中国人民银行统计，2019 年年末，中国商业银行不良贷款率为 1.86%，低于 5% 的监管标准。5% 的监管比例是监管机构根据大数据分析、行业最佳实践等确定的指标，企业在确定客户的信用额度时完全可以使用该指标。假设企业去年与客户 A 的交易总额为

1000万元，根据5%的不良贷款标准，企业应将该客户的信用额度控制在50万元以内。**但是若该客户的销售频率较低、单次销售金额较大，则企业需要在产品定价时适当考虑其信用风险。**有时企业的客户为大型国有企业或者跨国企业，例如汽车零配件生产商直接将生产的产品销售给汽车主机厂，针对此类客户开展信用管理既没必要也不可行。因此，对于达到一定条件的客户，该客户的信用额度可以放大较多，这些客户一般包括了中央企业、国有企业、上市企业、大型跨国企业等。

目前，信用账期的确定尚未有标准的方法，企业需要根据所处行业的竞争情况、行业惯例，以及企业自身的流动资金情况来确定。对于新合作的客户，建议企业使用现款现货的方式进行交易，待后续合作稳定后，再给予对方适当的信用账期。

信用管理是企业实际管理过程中的难点之一。现有的调查手段，如查询工商登记信息、涉诉信息和被执行人信息等，仅能排除信用有明显瑕疵的客户。其他诸如要求客户提供财务报表进行财务分析、判断经营情况等控制措施无法保证内部控制目标的实现。试想，银行在进行贷款尽职调查时都不会100%依赖企业提供的财务报表来做出判断，一般生产企业如何能做到通过财务报表分析控制信用风险呢？各企业还是应根据对客户的了解程度、产品的毛利率水平决定可以接受的信用额度和信用账期。

4.4 销售定价

根据《规范销售行为 扩大市场占有——财政部会计司解读〈企业内部控制应用指引第9号——销售业务〉》，销售定价环节的主要风险：

定价或调价不符合价格政策，未能结合市场供需状况、盈利测算等进行适时调整，造成价格过高或过低、销售受损；商品销售价格未经恰当审批，或存在舞弊，可能导致损害企业经济利益或者企业形象。此环节涉及的关键控制点包括销售部门根据产品市场供需情况、竞品定价、内部成本核算等因素，制定标准价格，并提交至企业管理层审批。在执行标准价格的基础上，企业可以给予不同层级销售人员不同的折扣审批权限。当销售折扣低于企业规定时，销售人员应在销售订单审核流程中提交至对应权限执行人审批。

对于部分企业来说，产品定价管理是其经营过程中面临的难点。在初始定价过程中，无论企业采用成本加成定价法还是市场竞争定价法，除非产品的毛利率极高，一般情况下，财务部门都需要计算新产品的生产成本。但是很多中小型企业未建立规范的成本核算体系，无法提供准确的产品成本核算数据。生产成本包括直接材料成本、直接人工成本和制造费用。大部分中小企业可以准确地核算直接材料成本。直接人工成本和制造费用由于涉及工时或者机器运转时间及分摊率，中小企业无法按照此类标准对其进行计算。若企业也有类似情况，只能退而求其次，按照直接材料成本、直接人工成本和制造费用的平均比例作为新产品的定价基础。建议企业计算上一年度三大项费用的总额并且计算其在所有生产成本中所占的比例，在计算上一年度三大项费用的总额时，企业一定要明确制造费用的归集口径。比例确定后，通过用新产品直接材料成本除以直接材料成本占比的方式计算该新产品的整体生产成本。例如，2019 年，在企业全年生产成本中，直接材料成本、直接人工成本和制造费用的比例为 6∶1∶3，根据产品设计方案，新产品的直接材料成本是 60 元，则新产品的整体生产成本为 100 元。

当企业成本核算数据比较完整时，直接材料成本可以根据 BOM 表确定，即各项材料的使用数量乘以采购成本就是整体材料成本。直接人工成本可以用该产品的标准生产工时乘以标准人工工资进行计算。由于制造费用大部分属于固定成本，随着生产数量的增加，单个产品分摊的制造费用会降低。因此，在进行初次成本测算时，企业一般会根据销售部门提供的下一年度的整体销量作为制造成本的假设基础。

案例——搭赠政策中的毛利率持续下降

业务背景

A公司主要从事母婴产品的生产、销售，销售端客户包括KA客户，如大型商超、母婴连锁店等，还包括小型母婴店等客户。A公司为了促进销售，制定了搭赠政策，搭赠政策内容为买五赠一，即客户采购价值100元的商品可以获得20元的同类商品。后续为了进一步促进销售，企业管理者决定放开搭赠政策，即客户采购100元的商品可以获得总价为20元的其他种类的产品。例如某客户采购100元的A产品，可获得20元的搭赠金额；若B产品单价为5元，则该客户可选择搭赠4件B产品。

流程背景

A公司建立了完善的搭赠政策审核审批流程。业务员根据客户的需求在ERP系统内下达销售订单，销售订单会分别显示该笔订单价值和搭赠价值。财务部门应收专员对搭赠政策逐笔进行审核，审核通过后提交至应收主管审批，审批通过后方可执行。

流程问题

自从开放了搭赠政策，A公司的整体毛利率持续下降，经营出现亏损。企业管理者认为是有人利用搭赠政策做了手脚，以超出20%的搭赠率进行了搭赠，所以要求内部控制团队对搭赠政策审核审批流程进行重点检查。首先，内部控制团队评价该流程设计的有效性，通过执行穿行测试了解了上述流程，并且在系统内执行该流程，认定该流程设计有效。接着，内部控制团队进行抽样测试，为满足企业管理者的要求，内部控制团队加大了测试样本量。内部控制团队在系统内随机抽取100个销售订单，重新计算订单价值和搭赠价值，测试结果发现搭赠率均在 20% 以内，符合公司搭赠政策的规定。

A 公司生产成本较为稳定，产品对外售价也没有变化，搭赠率也在公司制度规定范围内，那毛利率为何会持续下降呢？

4.5 销售发货

销售发货流程在销售管理流程中一般属于不太重要的环节，根据《规范销售行为　扩大市场占有——财政部会计司解读〈企业内部控制应用指引第 9 号——销售业务〉》，发货环节的风险主要包括未经授权发货或发货不符合合同约定，可能导致货物损失、客户与企业出现销售争议、销售款项不能收回。销售发货环节的控制措施是非常简单的，包括发货审核和发货过程管理两个子环节。发货审核环节根据销售模式的不同，分为款到发货和赊销发货。当企业采用款到发货销售模式时，销售部门一般会填制销售发货单或者在信息系统中根据销售订单下推发货通知单，发货通知单需提交到财务部门审核，财务部门查看销售款项是否到账，到账后财务部门通过审核并批准发货。当企业采用赊销发货模式时，销售部门同样要提出销售发货申请，提交至财务部门审核。财务部门重点审核该客户信用额度的使用情况，若此次发货会使实际额度超过该客户信用额度的，该流程就应提交至更高层次的领导，通常为公司总经理审批。只有经过特殊审批的超过信用额度的发货申请才能被执行。

发货申请被有效审批后，仓库根据经过审批的发货通知单进行拣货，将产品放置在待发货区并生成物流运单。拣货完成后，仓库应指派另一个员工对待发货产品进行核对，核对无误后由仓库管理员在信息系统内填制出库单并下达，正式完成出库流程。仓库管理员一般会打印一式三联或者四连的出库单，一联由仓库留存，一联交由财务部门保管，一联交由客户保管，一联由客户签收确认后回传。

4.6 销售回款

销售回款是销售管理流程的重要节点。根据《规范销售行为 扩大市场占有——财政部会计司解读〈企业内部控制应用指引第9号——销售业务〉》，销售回款环节的主要风险是企业信用管理不到位，结算方式选择不当，票据管理不善，账款回收不力，导致销售款项不能收回或遭受欺诈；在收款过程中存在舞弊，使企业经济利益受损。在其他章节关于关键控制点的描述中，部分控制措施的内容已经描述得非常详细，可参见销售管理中的信用管理、财务管理中的票据管理和往来款管理等内容。本节将重点介绍关于销售回款环节的两个重要问题：结算方式的选择和销售款项的后续跟踪。

4.6.1 结算方式的选择

目前，银行提供了丰富多样的结算方式供企业选择，主要包括现金、电汇、银行承兑汇票、商业承兑汇票或国内信用证等。如果涉及海外销售，企业还可以选择电汇、国际信用证等结算方式。由于金融业结算方式越来越丰富，结算环节存在的信用风险已经基本消失。

除了部分零售行业外，**企业销售一般不允许收取现金，并且尽量避免由销售人员直接收取销售款项的情况发生。**在以往年度，由于大部分使用纸质银行承兑汇票结算的企业需要派销售人员到客户那里领取纸质银行承兑汇票，企业中发生过销售人员挪用、侵占销售账款的事件。但现在，由于电子票据已经大规模地替代了纸质票据，企业使用电子票据结算方式也就不会发生销售人员直接收取销售款项的情况。

结算方式的选择还应根据企业在商业交易中的地位来决定，中小企业由于与客户的规模、强势程度等都存在较大差异，一般无法自主选择结算方式。当客户选择银行承兑汇票或者商业承兑汇票作为结算方式时，企业应在订单报价时计算资金成本。一般情况下，银行承兑汇票的贴现率为 2%~4%，商业承兑汇票的贴现率为 7%~15%。这些都是企业在定价的时候需要考虑的要素。

4.6.2 销售款项的后续跟踪

在有些内部控制体系建设过程中，外部咨询人员可能会提出销售部门具有未建立销售管理台账、未定期与财务部门进行对账等内部控制管理缺陷。在实际管理过程中，如果财务部门对应收账款的入账和核销均是按照订单进行的，销售部门无须另行建立销售管理台账。如果中小企业的财务基础工作做得并不好，核算的颗粒度无法达到按照订单核算的程度，销售部门就需要建立销售管理台账，对销售款项进行跟踪管理。

在销售部门未建立销售管理台账的情况下，财务部门应每周将收款数据发给销售部门，销售部门应根据信用管理流程开展应收账款催收工作。需要注意的是，当销售人员离职时，若部分企业未针对每笔应收账款指定新的催收责任人，最终会导致销售款项无法及时收回。在以往的项目咨询实践中，发生过很多次销售款项因为销售人员的离职交接不到位导致无法开展催收工作的情况，但实际上，这些销售款项通过合理的催收手段大概率是可以收回的。

4.7 售后服务管理

售后服务是企业与客户进行信息沟通的桥梁。对于客户提出的问题和投诉，企业应该及时解答、反馈和处理，不断提高产品质量和服务水平，以提高客户满意度和忠诚度。售后服务环节主要分为销售退货、客户满意度调查和投诉处理3个子流程。

《规范销售行为 扩大市场占有——财政部会计司解读〈企业内部控制应用指引第9号——销售业务〉》中没有特别解释销售退回环节的主要风险，虽然销售退回在企业经营过程中发生的频率不高，但很多企业往往在建立内部控制体系时忽视了对销售退回环节的风险管理，可能使企业遭受损失。不同于零售产品，工业产品的销售无七天无理由退货政策，一般发生销售退回都是因为企业的产品存在质量问题。销售退回环节的主要风险包括企业对销售退回的货物未进行检验和审批，最终导致企业遭受经济损失。**销售退回在执行过程中的关键控制点主要包括销售退回申请、销售退回检验和销售退回入库。**

其中，对于销售退回申请，客户一般会由于质量问题提出销售退回申请，销售人员收到客户的销售退回申请后，应首先了解退回原因并判断是否符合企业的销售退回政策，初步审核通过后，要求客户将产品运输到收货地点。与此同时，销售人员在收到销售退回申请时，应及时将信息上报至质量部门。质量部门在收到退回产品后应及时调查退回原因并出具处理意见。处理意见包括是否接受退回及退回后如何处置。质量部门应根据所有的处理意见编制销售退回处理意见并提交至企业领导层审批，销售退回处理意见一般可能包括二次销售、返工处理和报废等。

对于客户满意度调查，大部分中小企业，甚至大型企业都忽视了这一块工作内容。企业应制定客户满意度调查标准。对于大客户，企业应组织销售部门、质量部门、生产部门等相关部门定期上门拜访，了解客户诉求和客户满意度。对于中小客户，企业应定期通过电子邮件、调研问卷或者电话回访的形式了解客户满意度。**销售部门应定期汇总客户满意度调查结果，并制定客户满意度提高方案提交至相关领导审批。**

对于投诉处理，企业应建立多渠道的投诉受理方式，一般投诉受理方式包括开通专业服务电话或者开通客户服务邮箱。企业应该在销售合同或者销售订单中的明显位置标注投诉渠道。客服人员在接到客户投诉时应及时登记投诉信息，并且尽量在 24 小时内给客户反馈。客服人员接到客户投诉时应先行判断客户投诉的处理部门，然后将相关投诉信息转发至相关处理部门，最后相关处理部门应及时调查投诉原因，并根据事件的复杂程度在企业规定的期限内给客户反馈。

4.8 经销商管理

按照销售渠道，销售模式主要分为直销模式和经销模式。在销售管理过程中，使用直销模式的企业重点关注对销售人员的日常管理及对从发现商机到最后签单的销售漏洞的管理；使用经销模式的企业则重点关注对经销商的管理。经销商管理流程与供应商管理流程相似，对经销商管理不当将直接影响企业的销售结果。

4.8.1 经销商准入

企业通过主动搜集、经销商申请等多种形式获取经销商信息，从而对经销商的公司实力、销售能力、客户资源等进行多方面的评价，填制

《经销商准入申请表》并提交至相关领导审批。对于审批通过的经销商，企业可以根据企业管理要求向其收取一定数量的保证金。

在经销商准入审批的过程中，**企业需要明确对经销商的要求和激励政策**。对经销商的要求是指对经销商年进货额有最低要求，对经销商的激励政策是指对超过销售指标的经销商给予奖励。要求由各个企业根据自己的实际情况制定，这里主要说一下激励政策。激励政策主要包括3个方面：**价格折扣、信用账期和销售返点**。价格折扣和销售返点都是在销售价格上给予经销商一定的优惠，信用账期则是在结算方式上给予经销商一定的优惠。企业应该重点关注对销售价格优惠的控制，销售价格优惠设置不当将导致企业整体销售体系混乱，严重影响企业销售过程的正常开展。

例如，在直销与经销模式都存在的企业中，有些直销模式的销售人员为了获取更多的个人利益，将部分归属于直销模式的销售订单变更为属于经销模式的销售订单。经销商一般会有更高的价格折扣，中间的差额部分就可以返还给销售人员个人。还有的经销商会利用获得的较低的价格折扣，到销售区域之外去销售产品，扰乱其他区域的销售价格，此行为称为"窜货"。窜货也将导致企业销售混乱，影响企业的经营业绩。

因此，在经销商准入审批过程中，企业应审慎给予经销商相应的价格折扣或者销售返点，并在日常的管理过程中对经销商的销售订单进行检查，以防止发生舞弊行为。

4.8.2 经销商的定期评价

同供应商年度评价相同，企业也应定期组织对经销商的评价，建立经销商评价体系，并根据评价结果调整针对经销商的要求或者激励政策等。经销商的定期评价一般可以从基础能力、销售能力、信用能力和规范能力四大方面综合开展。相较于供应商年度评价，经销商定期评价的维度和指标更简易。

经销商基础能力：经销商拥有的终端客户数量、销售人员数量、售后服务能力等。

经销商销售能力：经销商销售额、销售额增长率、销售指标完成率、新品销售贡献率等。

经销商信用能力：经销商的回款率、回款及时率、延迟回款次数等。

经销商规范能力：销售终端价格执行、窜货行为发生次数等。

4.9 销售管理数字化内部控制

销售管理流程的内部控制失效一般都会导致关键销售指标发生偏离，如毛利率、销售费用率等。但是一般企业由于数字化基础较为薄弱，无法通过对指标的持续跟踪发现内部控制失控的风险。曾经有一位财务总监在项目访谈中透露，通过对企业销售数据进行分析和运用，其可以比销售总监根据经验进行预测更准确地预测企业未来的销售情况。那他究竟是如何做到比销售总监拥有更准确的销售洞察力的呢？答案就是他建立了以客户、销售人员为核心的全面的数据采集、分析体系。

互联网行业中的企业由于数据的采集、分析相对于传统企业来说较为简便，企业一般会设置运营部门对企业运营过程中的所有数据进行分析并提出运营管理的建议。由于信息技术的发展，传统企业在运营过程中同样会产生很多数据。很多传统企业并未设置运营部门专注于数据的采集、分析。在此背景下，传统企业的财务部门应转变为企业的数据部门，除了关注财务核算所需的数据之外，更应该关注业务数据、行业数据和员工行为数据等。

该企业的财务总监在平时的管理过程中注重业务数据采集。首先，对于销售人员出差，该财务总监要求出差人员在出差申请单中除了要填写出差时间、出差期限、出差方式和出差内容之外，还要详细填写出差目的。该财务总监根据企业的销售特点，将出差目的分为售前阶段、售中阶段和售后阶段，并且将售前阶段按照企业的销售漏斗模型进行进一步细分。其次，对于业务招待费，该财务总监要求在报销业务招待费时，报销人员一定要填写招待对象、招待目的等关键信息。该财务总监通过采集出差信息、业务招待信息、发货信息、客户满意度信息，并且结合客户产品市场的一些终端表现，通过一定的分析手段和方法，最终实现了比销售总监通过经验判断更为准确的销售预测。

内部控制除了关注流程本身的执行情况之外，还可以通过一系列与销售相关的指标来反映销售管理的情况。如前文举的例子，经销商销售毛利率的异常通过定期的指标监控就能发现，若企业及时发现，并进一步调查异常产生的原因，就能发现内部控制的漏洞。

现阶段，大部分大型企业都在进行数字化转型。在所有的企业内部控制流程中，销售过程产生的数据最多，如果能完整地搜集各类基础数据并加以一定的分析，企业可以及时洞察销售管理存在的问题，并将问题具体地反映到各个内部控制流程的执行上，真正地以风险为导向来识别内部控制管理流程中存在的缺陷。

4.10 案例分析——腾讯与老干妈的合同纠纷

腾讯与老干妈的合同纠纷可谓一波三折，让"吃瓜群众"兴奋不已。

先有腾讯起诉老干妈未按约支付广告宣传费用，冻结了老干妈 1600 多万元的资产；后有老干妈向警方报案，称其从未在腾讯投放广告。经警方调查后终于水落石出。根据警方通报，有 3 位非老干妈员工通过伪造老干妈公章，与腾讯签订了广告推广"协议"，并且将获得的礼品进行转卖从而获利。

腾讯在此次事件中作为受害者，是其销售管理内部控制流程存在设计缺陷，或是其内部控制在运行过程中出现了执行缺陷，最终导致企业遭受了大额损失。

根据内部控制的相关要求，我认为本次事件涉及销售客户开发流程和销售信用审核两个关键控制点。销售客户开发流程要求企业销售人员在开展业务合作前对客户的主体资质、履约能力等进行调查并出具调查意见。销售信用审核要求信用管理部门对客户的信用进行全方位评价，并决定该客户的信用额度和授信周期。腾讯作为管理非常成熟的企业，我相信其销售管理制度一定对上述提到的两个关键控制点进行了规定。从警方披露的案件通报来看，骗子的手法并不高明，在此情况下，究竟是什么原因导致腾讯被骗呢？

（1）客户开发。

一般对于首次合作的客户，业务部门和法务部门都需要对其进行调查，以判定其履约能力。这个关键控制点设计的初衷是防范因客户条件不合适而造成企业受损。此次事件中的老干妈作为全国知名企业，其在履约能力方面理应不存在任何问题。在客户开发流程规定外，一般企业的销售管理制度还会进一步明确客户开发程序，例如要保留客户的营业执照、要求对方提供财务报表等。

从常理上判断，骗子刻章容易，但是真的要拿到营业执照等内部材料还是有难度的。所以在客户开发环节，此次事件的发生主要存在 3 种可能。第一，腾讯的内部控制流程设计可能存在漏洞，没有要求销售人员保留客户的基础资料。第二，腾讯明确了相关要求，但是员工在执行过程中出现疏漏，此时要进一步追究员工的责任。第三，腾讯设计了相应流程，员工也按照要求执行了，但是骗子的骗术更加高明，其提供了所有要求的资料。在第三种情况下，事情可能就没有这么简单了，随之而来的问题是骗子是如何获得老干妈的内部资料的，是否构成了表见代理等。

（2）信用管理。

在分析此关键控制点之前，我们首先要明确骗子的目的是拿到礼品进行转卖获利，因此其不可能支付任何合同款项，这意味着腾讯给予了"老干妈" 100% 的信用条件。

从常理上判断，对于第一次合作的客户，不管该客户的规模有多大或者知名度有多高，企业都不可能给予其 100% 的信任。针对销售信用管理，此次事件的发生同样也存在 3 种可能。第一，腾讯并未明确针对首次合作的客户的信用政策和收款方式，使得骗子利用大企业的背景轻松地骗取了腾讯的信任。第二，虽然腾讯制定了信用政策，但是 1600 万元的损失可能对于腾讯来说仅是非常小的风险，出于风险较小的考虑，腾讯在效益和风险面前，选择了承受风险，追逐效益。第三，腾讯在制度内进行了明确的规定，但是由于相关人员的干预，推动了合同的签订。

无论是上述哪个原因造成了此次事件，我认为对于腾讯这种管理非常成熟的公司来说，此次事件敲响了警钟：其内部控制体系建设可能并不完善。因为这件事情本身就令人匪夷所思，一个自称是老干妈市场经营部的人来和腾讯洽谈合同并且签订了价值 1600 万元的合同，腾讯竟然在前期分文未取。

对于其他企业来说，此次事件同样是一个非常值得学习的案例。企业管理者要严格审视销售管理中客户开发和信用管理的内部控制流程。尤其是对于中小企业而言，千万不要被所谓的"大单"冲昏了头脑，忽视了对风险的把控，最终使企业遭受巨大的经济损失。

第 5 章 | 人力资源管理主要风险及关键控制点

人力资源管理在内部控制流程中较为特殊，人力资源管理流程标准化程度较高，一位新入职的咨询顾问在经过简单的培训后就可以独立开展人力资源管理的内部控制评价，并能提出内部控制管理建议。人力资源管理的内部控制流程不会因为企业所处行业和所处发展阶段不同而存在较大差异。

但是，人才是企业的核心资产之一，人力资源管理流程的完整性无法代表企业人力资源管理水平的高低。为了更好地开展人力资源管理工作，企业需要在内部控制流程的基础上，进一步在岗位价值评估、人才甄选、薪酬体系和绩效考核部分制定更加适合企业现状的专项方案，以提高员工忠诚度和工作积极性，从而使员工为企业创造更多的价值。

本章将主要介绍人力资源管理流程，不会涉及人力资源专业咨询领域的各类工具和方法，建议企业内部控制管理人员或者外部内部控制咨询顾问在开展日常工作时也尽量避免涉及具体的人力资源管理工作。

5.1 内部控制中"人"的因素

所有的内部控制流程最终需要依靠"人"来执行，一个人的职业道德水平的高低和专业能力的强弱将直接决定内部控制流程的执行效率与效果。但是由于"人"无法准确地进行评价和量化，这就提高了建设内部控制体系的难度。完全相同的两家企业能够适用于同一套内部控制体系，由于"人"的不同，相同的内部控制体系的运行效果也将截然不同。

根据内部控制理论，内部控制固有局限性之一是人为失误导致内部控制失效。此类内部控制失效并不是内部控制体系本身造成的问题。因此，在企业内部开展内部控制工作，或者作为外部咨询顾问给企业提供内部控制体系建设咨询服务时，相关人员应向企业领导或者内部控制体系责任人强调内部控制体系是基于企业的行业特点、经营现状等因素设计的，没有考虑"人"的因素。**内部控制体系建设完成后，如何匹配符合流程要求的员工是企业和人力资源部门需要解决的问题。**

对于中小企业，"人"的因素问题显得更加突出，企业内缺少高素质员工和录用过多的家庭成员都是制约内部控制体系建设的主要因素。

许多中小企业主要依靠家庭成员进行管理，这有利有弊。好处是出于对血缘关系的信任，公司老板让家庭成员关键岗位上任职可以防止舞弊行为的发生。坏处是企业发展至一定阶段后，家庭成员推荐别的人员到企业任职，实际控制人碍于亲属关系对被推荐人只好予以录用。许多企业上至高层管理者，下至部门负责人，甚至是出纳等关键职位都是由家庭成员担任的。企业内家庭成员过多会导致企业管理者在管理过程中除了因存在雇佣关系而被法律约束之外，又多了亲属关系的约束。很多家庭成员的个人能力无法匹配企业的快速发展，成了制约企业迅速扩张的主要原因。但是企业的实际控制人往往碍于面子或者亲情无法将其调任或者辞退，最终导致企业中真正有能力、有想法的员工的离职。

对于中小企业，另一个突出的问题就是人力资源短缺的问题。中小企业为了节省成本不愿意增加岗位。虽然有些企业的实际控制人已经意识到了这个问题，也愿意投入成本录用高素质的人才，但是中小企业在就业市场上并不是优秀人才的第一选择，甚至优秀人才基本不会考虑中小企业。

企业的快速发展及员工能力的差异导致大多数中小企业无法做到定岗定编，有的中小企业的组织架构甚至会在一年的时间内变动十几次。对于中小企业来说，现状是很残酷的。有的时候，中小企业根据组织架构设定了岗位，但是一直招不到和这个岗位匹配的人；而有的时候，有的员工能力非常强，同时兼顾多项事情，中小企业又没办法按职责设定岗位，只能以这个员工的具体情况来设定岗位。

中小企业人员问题的存在制约了其内部控制体系的建设，亲属关系使得一些不相容职务无法有效分离，人员的短缺造成了部分关键控制措施无人执行。但是人的问题是每一位企业的实际控制人都需要解决的问题，内部控制体系不会帮助企业解决"人"的问题。

5.2 员工招聘管理

根据《加强人力资源建设　夯实企业发展基石——财政部会计司解读〈企业内部控制应用指引第 3 号——人力资源〉》，员工招聘环节的主要风险包括人力资源缺乏或过剩、结构不合理、开发机制不健全，可能导致企业发展战略难以实现。企业在招聘录用环节一般会建立较为完善的管理流程，其关键控制点如下。

5.2.1 编制年度需求计划

每年年底，人力资源部门应组织各部门提报下一年度的人力资源需求计划，汇总编制企业的年度人力资源需求计划并提交至相关领导审批。各部门在编制下一年度的人力资源需求计划时应结合岗位编制和实际用人需求。人力资源需求计划编制完成后，除非外部客观环境发生了重大变化，一般不予调整。发展速度稳定、管理成熟度较高的企业可以通过明确岗位和编制的方法来控制人力资源成本。但是中小企业由于无法做到定岗定编或发展速度过快，年末时无法准确地编制出下一年度的人力资源需求计划。因此，建议中小企业将人力资源成本等相关指标的预算和控制作为控制企业人力资源成本的手段。人力资源成本相关指标一般包括人均产值、人均利润或者职工薪酬占营业收入的比率等。制造业企业还包括员工人均贡献额这一指标，该指标的计算方式为营业收入减去生产成本中的直接材料成本，然后除以员工人数，**该指标为 30 万元以内的企业整体经营情况较差，该指标为 30 万 ~50 万元的企业整体经营情况一般，该指标为 50 万元以上的企业整体经营情况较好。**

5.2.2 提出招聘需求

每年年末，各部门上报下一年度的招聘需求，由人力资源部门汇总并提交至企业相关领导审批。计划内的招聘由用人部门根据实际用人情况提出招聘申请，经部门负责人、人力资源部门负责人审批通过后即可执行。计划外的招聘仍由用人部门提出招聘申请，但是最终的审批流程相较于在计划内的招聘要复杂，建议提交至企业总经理层级的领导审批。中小企业由于规模较小，基本上都是集权管理的，因此在这个流程中区分计划内和计划外的意义不大。

5.2.3 招聘过程管理

招聘过程包括发布招聘信息、面试，以及最终录用。在这几个环节中，对中小企业来说最重要的应该是发布招聘信息，因为发布的渠道，对岗位职责的描述、任职资格的描述和薪资范围的确定都将决定所收取简历的质量。但是在实际执行过程中，很多中小企业发布的招聘信息质量太差，使得很多求职者丧失了投递简历的兴趣。除此之外，若岗位的技术含量较高或专业程度较高，建议企业设置笔试环节对候选人的专业能力进行第一轮筛选。在面试过程中，企业应设计专门的《面试评价表》对面试过程进行记录，面试官必须在面试完成后确认面试意见并签名。面试结束后，HR 和候选人在预算范围内进行薪酬的商谈，HR 与用人部门确认最终薪酬后执行录用审批流程。人力资源部门发起录用审批，普通员工的录用需由分管领导审批，主管以上的员工的录用需由总经理审批。

5.2.4 试用期管理

类似于劳动合同签订、社保缴纳等基本的合规要求不在本书的讲解范围之内，企业经营的底线就是合法合规。试用期管理流程一般在试用期满前半个月，人力资源部门通知员工提交试用期转正申请报告，并且通知用人部门领导对员工在试用期内的表现进行评价，一般经过分管领导审批通过后，试用期员工正式转正。

员工招聘环节从提出招聘需求到试用期管理的各个关键控制点，除
了编制年度招聘需求计划对中小企业来说比较难执行外，其他关键控制
点的执行对于中小企业来说不会增加任何成本。中小企业应该参照上述
流程执行，至少可以从流程上保证所招聘的员工的质量。

5.3 薪酬与绩效管理

薪酬与绩效管理流程是人力资源管理流程中唯一涉及财务报告相关
内部控制的管理流程。合理的薪酬与绩效体系是企业激励员工，增强企
业核心竞争力的关键，但是薪酬与绩效管理的相关内部控制是无法实现
这一目标的。**薪酬与绩效管理流程的目标是保证薪酬与绩效的准确发放。**
薪酬与绩效管理的关键控制点如下。

5.3.1 薪酬和绩效考核体系建立

企业应建立薪酬和绩效考核体系，并经过相关领导审批通过后执行。
薪酬体系一般分为管理序列、专业序列和营销序列，每一个序列都有其
对应的薪酬等级，例如在互联网企业普遍应用的P序列、M序列等。同
一薪酬等级内部也会有不同的薪酬宽度，即处于同一薪酬等级的员工的
其实际收入可能不同。绩效考核体系主要是指企业会对部门或者岗位设
定绩效考核指标，并将绩效考核指标的达成情况作为绩效奖金的发放依
据。一般情况下，绩效奖金会根据绩效指标的完成情况适当地上浮或者
下浮。成熟企业一般会建立成熟的薪酬体系，但是由于中小企业员工普
遍没有定岗，员工薪酬的决定是由企业的实际控制人直接决定的，这就

造成了中小企业的薪酬体系较难建立的情况。而和绩效考核体系的建立不会因为企业规模的大小而存在难度差异。建议中小企业应进一步加强对薪酬体系的建立。

5.3.2 薪酬计算与发放

每月，人力资源部门负责收集当月的考勤信息，对员工离职、晋升等异动信息进行汇总，并进行薪酬计算。薪酬计算完成后提交至相关人员复核、审批人审批，通过后由财务部门进行发放。无论企业规模的大小如何，企业的实际控制人均会重点关注薪酬计算与发放的内部控制流程。企业的实际控制人或者高级管理人员无法对薪资明细逐条进行复核，建议其作为最终审批人对各部门薪酬总和进行审批，以了解人力资源成本现状。

5.3.3 调薪管理

一般情况下，员工的薪资调整申请由员工本人向直接上级或者企业管理者提出，双方沟通一致时，员工的直接上级或者企业管理者口头通知人力资源部门进行调整。但是口头通知可能会造成信息传递不准确等问题，建议员工与企业高层领导就调薪问题达成一致后，在 OA 系统或者使用相应表单提出书面申请，经过部门负责人、人力资源部门负责人和总经理审批通过后，提交至人力资源部门备案。

5.4 员工培训管理

　　培训是增强员工管理能力或者专业能力的有效途径之一，大企业都非常重视对培训体系的建设。按照培训的性质，企业的培训一般可以分为新员工培训、职业技能培训和继续教育培训。按照培训的形式，企业的培训可以分为企业内部专业培训和企业外部专业培训。但是大部分中小企业往往忽视了对员工培训的管理，员工的专业能力无法得到增强，这将直接影响企业目标的实现。企业外部专业培训可能需要花费较高的成本，中小企业出于成本控制需要，一般不会鼓励员工参加外部专业培训。但是在企业内部，企业可以充分调动内部培训资源，由各个部门的专业骨干或者领导开展企业内部专业培训，以增强员工的职业技能。员工培训管理的关键控制点如下。

1. 年度培训计划制订

　　人力资源部门应于每年年末从各个部门处收集下一年度的培训需求，包括培训内容、培训人、培训方式和培训预算等，人力资源部门应对培训需求进行筛选、汇总，并提交至企业领导审批。除了校园招聘员工入职较为集中外，新员工的入职时间无法预估，故企业一般会一个季度开展一次新员工培训。职业技能培训及继续教育培训一般是为满足行业或者岗位法规要求必须开展的培训，如会计人员继续教育培训等。一般情况下，此类培训应根据持证人数或者岗位需求制订较为准确的计划和预算。企业内部专业培训一般由企业内部经验丰富、较为资深的员工担任讲师，培训主题包括工作经验分享、内部流程宣贯等。由于企业内部专业培训的讲师和参训人员都是内部员工，各部门应根据年度培训计划按时开展企业内部专业培训。企业外部专业培训由于涉及成本支出，并且部分企业外部专业培训机会无法在年度培训计划中予以明确，因此在具体培训项目申请时说明详细的需求并经过领导审批后方可执行。

2. 培训申请

培训申请由需求人提出，经过部门负责人、人力资源部门负责人审核通过后执行。培训申请的审批权限一般按照计划内和计划外进行划分或者按照培训预算进行划分。一般在计划内的新员工培训和企业内部专业培训不需要进行培训申请，按照计划在规定的时间执行即可。职业技能培训由于单笔金额较低，在预算范围内执行费用报销流程即可。培训申请一般适用于需要支付培训费用的企业外部专业培训。

3. 培训效果管理

对于企业内部开展的培训，参训人需要在培训现场签到确认。对于部分重要培训，企业可以设计考试题目，并要求参训人在培训结束后参与考试以检验培训效果。此外，企业内部专业培训结束后，企业要发放调研问卷对参训人员进行调研，以判断培训的执行效果；企业外部专业培训结束后，由于员工是到外部机构安排的培训地点参与培训，企业应要求参训人员回来之后对培训的资料进行归档，如果认为有必要的话，企业还可要求参训人员进行转培训，以扩大培训的效果。

5.5 员工异动管理

员工异动主要包括员工调动、员工晋升或降级、劳动合同续签和员工离职等流程。这些流程是企业必须进行管理的流程，无论企业规模的大小。员工异动管理各流程的关键控制点如下。

1. 员工调动

员工调动一般可以分为根据企业的业务发展需要执行的调动和员工

主动申请的调动。员工主动申请调动的情况一般较少。无论是哪种调动类型，员工调动一般由调动员工本人提出申请，经过调出部门负责人、调入部门负责人、总经理审批通过后执行。**员工调动时需参照离职流程进行离岗工作的交接，交接完成后方可至新岗位报到。**

2. 员工晋升或降级

员工晋升一般有两种渠道，一种是企业高层的直接任命，另一种是企业开展的内部竞聘。**员工晋升决策流程不能体现出该事项的决策审批过程，仅能实现书面留痕、保证信息传递准确性的作用。**员工晋升流程一般为人力资源部门发起晋升的申请，经过人力资源部门负责人、所在部门负责人或分管领导、总经理审批通过后备案，以便调整该员工的薪酬。员工降级在企业内一般很少发生，参照员工晋升流程执行即可。

3. 劳动合同续签

一般在员工劳动合同到期前一个月，人力资源部门会发起劳动合同续签流程，由员工所在部门负责人等领导审批。审批通过后，人力资源部门应与员工沟通劳动合同续签事宜。

4. 员工离职

员工通过邮件或者书面提出离职申请后，人力资源部门和所在部门负责人应分别对员工开展离职面谈并进行面谈记录。经过离职面谈，员工仍决定离职的，应在 OA 系统内或者使用纸质表单提出离职申请，经过所在部门负责人、分管领导、人力资源部门相关领导审批通过后生效。根据《中华人民共和国劳动法》的相关内容，试用期员工应提前 3 天提出离职申请，正式员工需提前一个月提出离职申请。员工离职管理还有一个非常重要的环节就是**离职交接**，企业一般会将离职时需要交接的内容编制成一份离职交接清单，其中每一项内容经过交接人和接收人双方共同签字确认后，离职员工方可到人力资源部门正式办理离职手续。离职交接中的财务部分、信息系统权限部分和行政部分的交接相对比较简单，离职员工把账号关闭、工牌归还即可。但是业务交接存在交接不完整的风险，曾经有家企业的核心骨干离职后未将其参与的所有事项逐一进行交接，企业内部除了该员工也没有其他员工知晓其工作细节，最终影响了企业部分的日常经营工作。因此，中小企业应定岗定编，可以要求一位员工兼任多个岗位的工作，以防范员工流失带来的风险。

此外，关于员工的日常管理，诸如请假申请、出差申请等，由于流程相对比较简单并且给企业带来的风险较小，本章不进行讲述。

5.6 案例分析——虚增"李鬼"吃空饷

在人力资源管理流程中，大部分的人力资源内部控制失效是导致企业经营失败的间接原因。在日常内部控制体系建设或者评价过程中，一般不会涉及对人力资源配置或者人员胜任能力的评价。人力资源招聘、培训和日常管理流程中均存在部分风险，但是这些风险不会直接导致企业产生资金损失。因此在进行内部控制评价或者内部审计时，人力资源管理的核心是薪酬与绩效的发放。

北京某人力资源服务有限公司的业务主管孙某，利用该企业人力资源管理的诸多漏洞，在客户单位名下虚增出了一个叫"王某"的员工，短短一年内以发工资、年终奖等名义骗取公司 105 万余元，直到孙某病休同事临时替班才东窗事发。最终，北京市第三中级人民法院以贪污罪判处孙某有期徒刑 12 年。

该公司作为人力资源外包服务机构，主要为客户提供工资发放、社保代缴等人力资源外包服务。公司管理制度的规定，针对代发工资业务，该公司设立了以下关键控制点。

（1）客户需要新增员工信息时，将员工基础信息通过邮件发送至业务员后，业务员将基础信息和客户邮件记录发送给服务中心。服务中心操作员在财务系统中录入员工姓名和银行卡号信息后，输机员在系统中将该员工分配至客户公司名下。

（2）每月，客户将真实的工资单发送至业务员，并将款项汇至公司银行账号内，业务员核对款项后生成收费通知单并与客户对账确认。

（3）客户对账确认完成后，业务员发起付款申请，经过相关领导审批通过后，财务部门在系统内执行工资发放、社保代缴等操作。

为什么该公司设计了如此完善的内部控制体系，仍然被孙某钻了空子，导致了高达百万元的资金损失呢？回顾孙某的作案过程我们可以发现，该公司在日常管理中存在着内部控制体系执行上的重大缺陷。

首先，该公司对员工花名册的管理设计了双人录入机制，即先由服务中心员工新增该位员工的基础信息，再由输机员将该位员工归至客户公司名下。服务中心员工的操作依据来自业务员出具的派发单并且需要后附客户的邮件记录。对于客户花名册的维护，该公司设立了由3个独立部门的员工共同参与方可完成的机制，在内部控制相关理论中，3人联合舞弊的概率极低，因此该公司的内部控制体系设计是有效的。

但是在实际执行过程中，由于孙某之前在服务中心任职，在内部调岗时信息部门并没有收回孙某在系统内的管理权限，这就让孙某可以轻而易举地在系统内虚增员工的基础信息。输机员在执行时，想当然地认为系统中已经存在该位员工的基础信息，说明服务中心操作员已经对其进行了相应的审核，便在缺少派发单的情况下为孙某进行了派发操作。

其次，在整个薪资发放流程中，员工花名册的维护与工资发放审批是互为牵制的关键控制点。虽然孙某在系统中将"王某"的信息录入客户公司名下，但是客户每月的工资金额是按照正确的金额付至公司账户，并且在资金支付时，公司内部需要履行审核审批流程。但是在实际执行过程中，财务审核人员未根据公司制度要求执行，最终将款项支付给"王某"。

最后，当上述所有关键控制点由于未执行而失效时，公司还可以通过检查性控制措施及时发现资金和账面记录存在异常。但遗憾的是，信息系统存在缺陷，系统内客户账面始终有余额且没有专人对系统内客户账户进行定期对账，所以该企业没有发现账实不符的情况。

就是上述的种种"巧合"导致了该公司虽然设计了较为完善的内部控制措施，但遭受了高达百万元的资金损失。无论是第三方人力资源服务公司，还是企业自身，在进行工资发放时一定要切实执行以下 3 个关键控制点。

一是严格控制员工花名册的日常维护工作，并且员工花名册维护人员与工资单编制人员需要严格分离。二是加强工资单审核审批工作，各审核人员对员工人数、薪资总额等应进行重点审批，防止出现错误。三是工资发放完成后，财务部门需要将工资发放记录与工资单进行核对，通过检查性控制措施及时发现内部控制流程执行失效的情况。

第 6 章 | # 财务管理主要风险及关键控制点

　　财务管理是企业运营的重要方面，同样，与财务报告相关的内部控制体系也是企业在上市过程中必须建立的，内部控制的缺陷会成为企业上市过程中的实质性障碍。但是本章所指的财务管理仅涉及财务职能内部的各项管理流程，不会涉及财务报告相关的内部控制。与财务报告相关的内部控制会在具体的业务流程章节中予以体现。本章将主要讲解财务管理、财务报告管理、投融资管理和全面预算管理。财务管理的关键控制点主要来源于各类法律法规，主要包括《企业内部控制应用指引第 6 号——资金活动》《企业内部控制应用指引第 15 号——全面预算》《会计基础工作规范》等。

6.1 企业财务管理痛点

李总在众人眼里是一位成功的企业家，他经营着一家日用品生产企业。经过多年的发展，他的企业目前年销售额突破了 1000 万元，净利润也达到了 200 万元。由于李总属于技术型创业者，精通产品生产并在行业内有一定的人际关系，在企业成长初期，李总不是特别关注财务管理工作，其当时的工作重心在于保证产品质量和销售额。但是随着企业规模的不断增长，财务管理方面的问题越来越多。李总由于缺乏专业的财务管理知识，有很大一部分工作精力都花费在解决各类财务问题上。他想从根源上解决企业所存在的财务问题，但是没有任何思路和办法。能力较强的财务经理对薪资的要求都非常高，利润率不高的企业无法承担其薪资。因此，改善财务管理的事情一拖再拖，企业财务管理水平已经明显不能与企业的发展速度相匹配，成了企业发展的绊脚石。李总在日常经营过程中吃过不少财务管理不善的亏。希望这个案例能引起广大中小企业经营者对财务管理的重视。

1. 财务工作质量差，企业所有者不放心

在企业规模较小的时候，李总将企业整体的财务外包给第三方代理记账公司。但随着合作的深入，李总觉得第三方代理记账公司工作不负责，记账质量不高，于是决定自己招聘财务人员。由于缺乏专业的财务管理知识，同时为了节省部分成本，李总招聘了一位快退休的会计作为企业的主办会计。但在实际日常工作中，其会计工作却做得漏洞百出。例如某月增值税进项发票已经认证了但有两张发票漏申报；企业存货账面混乱，账实严重不匹配；产品生产成本核算不清，导致无法根据财务成本数据制定产品售价。

结局：由于财务工作质量较差，李总下定决心要改善企业的财务管理能力，于是将原先的会计开除了并高薪聘请了一位经验丰富的财务经理——张经理，全盘负责企业的财务管理工作，希望张经理的到来能改善目前企业财务混乱的情况。

2. 数据来源多，企业所有者该信谁？

某日，李总想要了解华东区上个月的销售情况，他叫来了销售部门的王经理，让其提供华东区上个月的销售数据，由于对数据不太放心，他又叫来了财务部门的张经理，让其提供华东区上个月的销售数据。结果两个部门提供的数据完全对不上，销售部门和财务部门提供的关于销售收入的数据竟有 20% 的差异。王经理和张经理在李总面前开始"争吵"起来，王经理说："我的数据对"张经理说："你的数据不对，我是按照会计准则来计算的，我的数据肯定是正确的。"李总不知道到底哪个数据才是真实的销售数据，也无法直观地了解企业的经营情况。

结局：李总让王经理和张经理互相核对数据，最后了解到造成数据差异的原因包括财务收入是不含税的，销售收入是含税的；财务部门要在客户提供验收单之后再确认收入，销售部门是装车发货后就计入收入；对于一些退货数据，销售部门已经记录，但单据尚未传递到财务部门等。以上种种原因造成两个部门提供的关于销售数据的整体差异达到 20%。李总要求王经理和张经理一起讨论销售收入确认的标准是不是一致的，但是大家由于太忙并且也没有重点关注，最后这件事情也不了了之了。

3. 财务数据质量差，企业所有者决策缺乏依据

最近，企业在华东区的销售业绩不太好，销售人员工作热情也不高，李总想通过变更目前的业绩提成方式来改善这种情况。他想了解华东区按照大区、城市及销售团队划分的业绩数据，并想知道总部的管理费用摊销对整个华东区销售业绩的影响。于是他叫来了财务部门的张经理，对其提出了具体的需求，但是张经理在了解了李总的需求后却表示李总要求的他做不到。因为现在的会计记账没有按照城市、销售团队进行相应的归集，只统计到大区的层面。而且总部的各项管理费用也缺乏合理的数据支持计算效率。

结局：最终李总的想法无法实现，实际的结果是华东区的经营状况越来越差，李总只能凭自己的经验关停了部分城市的业务。但是实际的经营状况并没有得到改善。

4. 关键绩效指标缺失，眉毛胡子一把抓

随着企业规模的不断增长，采购、销售、日常管理均需要由李总把关，渐渐的，李总觉得有些力不从心，企业离开了李总就转不起来了。李总每天都要花很多时间在解决问题上，企业的管理问题一个接一个地出现。李总感觉自己不断地在"救火"，但是始终无法了解问题产生的根源在哪里。由于缺乏指标化的管理方式，李总无法抓住管理重点，无法及时发现企业在经营过程中出现的问题。

结局：李总每天都忙得团团转，扮演着"救火队长"的角色，但是由于企业运营缺少指标、缺少抓手，李总没有办法及时发现运营风险。

5. 全面预算管理强实行，员工抵抗情绪高

有一天，李总去上了一堂管理课，讲师介绍了某企业的全面预算管理实施经验，该企业因为实施了全面预算管理，其内部管理水平得到了显著的提高，并且各项财务指标都得到了非常明显的改善。李总听完之后非常心动，回到企业之后就要求财务部门的张经理在企业内部推行全面预算管理，但推行过程困难重重。销售部门的同事反映销售预测根本没法做，因为根本无法准确预测。采购部门的同事反映这个费用要控制、那个费用也要控制，工作根本没法开展了。各个部门都非常抵抗全面预算管理的推行。财务部门作为全面预算管理的推行部门，得罪了其他大部分部门，张经理最后也不得不提出离职。

结局：企业还是回到了老样子，一场轰轰烈烈的全面预算管理以失败告终，员工潜意识里都觉得全面预算管理是一个非常麻烦的事情，后续如果还要推行全面预算管理，员工的抵触情绪也较高。

6. 税收管理弱，法律风险高

李总从业务起家，一开始，企业规模小，企业的很多收入都是通过李总的个人卡结算的，并且李总不重视税收管理。随着业务规模的不断扩大，企业也走向了正轨，李总对企业的未来发展也有着明确的规划。李总深知以往的粗放式管理不再可行，需要在税收管理方面加以完善。但是李总无从入手，根据财务部门提供的数据，如果按照国家规定缴税，目前的企业利润根本无法支撑企业继续发展，李总需要了解符合国家政策的税收筹划方式。

结局：由于规范化成本太高，李总不得不向现实妥协，只能对税收保持粗放式管理，一切还是按照原有方法操作。

7. 最大的痛点是不知道怎么去解决这些痛点

李总也想提高企业财务管理的水平，也做了非常多的尝试，但是在经历了很多失败后，李总慢慢将提高企业财务管理水平的事情放在了脑后，将更多的精力投入销售工作。企业的财务部门负责人更换了这么多次，最终企业的财务管理水平还是在原地踏步。

结局：当业绩好的时候，李总的日子过得还行，一些小的损失李总也不在乎。但是当业绩不好的时候，需要向内部控制"要效益"的时候，由于之前遗留的"坑"实在太多，李总根本无法改变，最终企业只能走向失败。因此，中小企业需要十分重视财务管理内部控制体系的建设，提高财务管理水平，真正实现向内部管理要效益。

财务管理的一级流程下一般包含四个二级流程，如图 6-1 所示，分别是财务管理、财务报告管理、投融资管理和全面预算管理。其中财务管理和财务报告管理属于基础财务管理领域，主要对资金、票据、往来款和财务报告等相关流程进行管理，旨在提升财务基础管理水平。投融资管理和全面预算管理则分别对应企业的资本运作和全面预算两项工作，是实现企业价值增值的重要流程。

财务管理

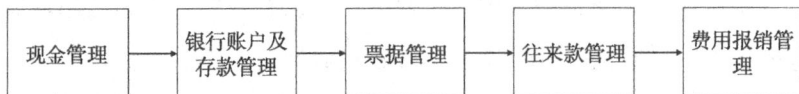

财务报告管理

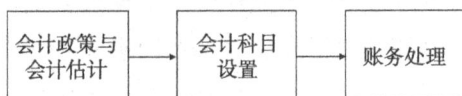

投融资管理

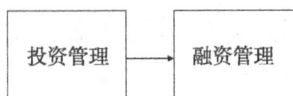

全面预算管理

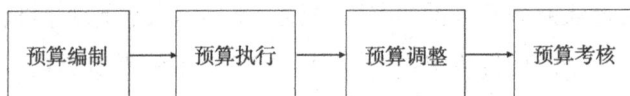

图 6-1　财务管理流程概览

6.2 财务管理

　　财务管理的二级流程包括现金管理、银行账户及存款管理、票据管理、往来款管理和费用报销管理等。财务管理大部分关键控制点来源于会计基础管理相关法律法规。但是企业在使用相关法律法规的过程中需要结合企业实际情况对其进行调整，因为所参照的法律法规制定于 20 年前，

法律法规内的许多管理要求已与实际所处的客观环境不符。

6.2.1 现金管理

目前，由于电子支付功能的普遍运用，现金的使用频率越来越低，各银行也开始重点排查大额现金的使用情况。近期，央行也准备试点推行数字人民币，预计现金的使用将会越来越少。目前，大部分企业已经实现了零现金管理，企业所有的对外支出均通过网络银行进行。部分企业还存在使用现金的情况，现金管理的关键控制点如下。

1. 现金的收取

财务部门的出纳应当面清点现金并出具收据，收据上应包括收款金额、收款用途、缴款人等信息。出纳应要求缴款人核对金额并且在收据上签字确认，而后，出纳加盖现金收讫章并将收据一联交予缴款人作为收款凭证，另一联提交至会计进行账务处理。企业现金收取一般仅限于员工退还备用金和废品出售收入，一般不允许存在通过销售收取现金的情况。

2. 现金的支付

企业应明确现金的支付范围，超出支付范围的一律不得使用现金结算。财务部门的出纳根据资金支付审批单、费用报销单等经审批的单据当面清点现金，并要求现金领取人在单据上签字确认。出纳应在相关单据上加盖现金付讫章，并将单据提交至会计进行账务处理。此外，根据相关法律法规，企业不得坐支现金，现金收入和现金支出应从两条线进行管理。但目前绝大部分企业均不存在现金收入，坐支条款将会逐渐退出历史舞台。

3. 现金的日常管理

企业应明确日常现金保管限额。根据法规要求，企业的日常现金总额一般不能超过2天的现金使用量。但是由于目前现金的使用频率较低，银行不对企业现金的日常管理承担监管责任。因此，建议企业将日常现金保管限额设定为2万元，这样既满足了日常使用规定的需求，也降低了现金损失的风险。财务部门的出纳应每日编制现金日记账，若会计在现金业务发生当日进行现金账务处理，出纳可以不编制现金日记账，而以财务系统内的明细账作为现金使用依据。

4. 现金的盘点

若当天使用了现金，出纳应对现金余额进行盘点，并核对是否与账面余额一致。每月，财务部门经理或者非出纳的财务部门人员应对现金进行盘点，并在现金盘点表上签字确认。若盘点结果存在差异，出纳应及时查找原因并提出处理意见，经过企业领导审批后进行相应的账务处理。

6.2.2 银行账户及存款管理

银行账户及存款管理包括对银行账户本身的管理和对资金收付环节的控制。很多企业并不注重银行账户的管理，银行账户杂而乱，有的账户用于扣税、有的账户用于缴纳社保、有的账户是贷款专户、有的账户是政府补助账户等。**银行账户杂而乱造成了企业面对的资金管理风险较大**。银行账户及存款管理的关键控制点如下。

1. 银行账户管理

企业应建立开户、变更和销户审批流程。若因业务需要开立或者关闭银行账户，经办人员应填制银行开销户审批表并经企业领导审批后执行。企业应建立银行账户台账，详细记录银行账户信息，包括银行名称、银行账号、用途等内容。财务部门应于每年年底对银行账户使用情况进行检查，长期不使用的银行账户应及时销户。

2. 银行印鉴保管

企业财务专用章和法人章应分别由专人进行保管，网银 U 盾也应由经办人员和复核人员分开保管。严禁同一人保管企业所有的银行印鉴。

3. 资金收取

由于财务部门并不了解银行账户收取款项的性质，企业内部一般会建立款项认领流程。出纳定期将银行账户收款信息发送至业务部门，业务部门根据销售情况对款项进行认领。财务部门根据认领结果进行应收账款核销工作。

4. 资金支付

财务部门根据经审批通过后的付款申请单进行付款，付款完成后加盖银行付讫章，并将网银回单、付款申请表等提交至会计进行账务处理。企业内部同名账户之间或者关联企业之间的资金支付仍然需要执行审批流程，与对外付款相比，其审批流程可以适当精简。

5. 银行存款余额核对

目前，由于电子支付基本上都是实时到账，网银系统内页可以实时下载银行回单，企业在每月月末一般不会出现存在未达账项的问题，因此编制银行余额调节表的意义已经不大。但是企业应在每月月末定期检查银行账户余额和会计系统内的金额是否一致，并填写相应记录，以确保银行存款账实相符。

6. 编制资金计划

无论是流动资金紧缺，还是流动资金充足，企业为了提高资金的使用效率均应编制资金计划。资金计划一般包括销售回款计划、采购付款计划、资本支出付款计划和固定支出付款计划。销售回款计划由销售部门负责编制，采购付款计划由采购部门负责编制，财务部门负责编制其他付款计划并汇总各计划编制月度资金计划。月度资金计划编制完成后提交至企业领导审批，审批通过后方可正式执行。在执行过程中，计划内的资金支付无须再进行审批，计划外的资金支付则需发起资金付款流程，经过企业最高领导审批通过后方可执行。与此同时，若由于资金不足导致资金支付无法按照计划执行，业务部门需要根据款项重要程度确定支付优先级，经过企业最高领导审批通过后方可执行。

6.2.3 票据管理

根据性质，票据一般可分为支票、汇票和本票等，但是企业基本不会使用本票作为结算方式。根据用途，支票可划分为转账支票和现金支票，其中转账支票随着网络银行的大规模应用已经被逐渐替代，目前企业仅留存少量现金支票供提现使用。根据承兑方式，汇票可划分为银行承兑汇票和商业承兑汇票。商业承兑汇票的兑付信用等级较低，仅由大型国企或者民营企业使用，不作为主流的结算方式。银行承兑汇票实质上是由银行对该笔款项的承兑进行担保，信用等级较高，银行承兑汇票是日常商业交易中用到的主流结算方法之一。**目前，电子票据已经基本替代了纸质票据，故原有内部控制流程中关于纸质票据的保管、使用等要求已基本不适用**。票据管理的关键控制点如下。

1. 票据取得

纸质票据取得最大的风险在于判断票据的真实性、票据盖章合规性，以及销售人员可能侵占票据。但是电子票据无须承担上述风险，企业可直接在网银系统内接收经背书转让的电子票据。

2. 票据保管

纸质票据存在丢失的风险，企业需将纸质票据存放于保险箱内，并且在票据登记簿上记录票据的使用、保管情况。与此同时，企业每个月要定期对票据定期进行盘点。但是电子票据无须承担上述风险，企业可在网银系统内查询所有票据的使用情况。除了汇票外，大部分企业还会保留极少数的现金支票用于现金提现，对现金支票的管理类似于纸质汇票，企业需要在票据登记簿上记录现金支票的使用、保管情况，并且定期盘点现金支票并编制票据盘点表。

3. 票据背书转让

纸质票据的背书转让存在收票方委托代理风险，纸质票据收取一般由供应商的委托人到企业领票，企业需要对供应商的被委托人的身份真实性、委托真实性进行验证。但是电子票据背书转让可直接在网银系统内操作，企业只需输入票据接收方名称便完成电子票据的背书转让。

6.2.4 往来款管理

往来款包括应收账款、应付账款、其他应收款、其他应付款、预收账款和预付账款六大类。除应收账款之外，大部分企业对其他往来款的定义都是相同的，由于不同企业的收入确认方式不同，不同企业对应收账款的定义有所不同。未上市企业通常是以开具销售发票来登记应收账款，借记应收账款，贷记主营业务收入，收入确认时点与业务实质不符。上市企业财务核算较为规范，上市企业一般遵守会计准则的规定，在满足收入确认条件时确认收入，例如对于一般销售货物行为，上市企业将产品发出并且取得对方签字确认的送货凭证作为确认收入的依据。但是由于大部分中小企业会计核算基础较为薄弱，与应收账款相关的内部控制流程设计时应充分考虑收入确认依据。

1. 应收账款确认

对于会计核算基础较强的企业，我建议严格遵守会计准则的规定在确认收入的同时确认应收账款。对于会计核算基础薄弱的企业，**我建议在财务账外建立应收账款台账，将应收账款划分为已发货未开票、已发货已开票两大类**。当产品从仓库发出或者服务提供完毕时，业务部门应将相关单据提交至财务部门，财务部门应登记已发货未开票信息。企业后续的应收账款账龄分析、对账和催收工作都将以已发货未开票和已发货已开票信息作为分析基础。

2. 应付账款确认

根据会计准则的规定，采购部门在信息系统内下达采购订单后，仓储部门根据实际到货数量在系统内办理入库，生成入库单。财务部门应根据入库单进行应付账款暂估，当收到采购发票时，财务部门再在系统内录入发票信息并关联采购订单，由系统自动进行"三单匹配"。"三单匹配"成功后，系统自动冲销应付账款暂估，重新确认应付账款。但是大部分中小企业的会计基础较为薄弱，其仅根据采购发票进行应付账款确认，未与采购订单和采购发票进行关联。这就会导致在有的企业中，由于人员疏忽未将采购发票及时提交至财务部门，最终导致财务信息与业务信息严重不符，且无法查明原因。中小企业可能由于信息系统的功能设置无法实现"三单匹配"，但建议中小企业不要省略应付账款暂估步骤。暂估应付账款后，财务部门收到发票时，通过人工核对的方式对应付账款暂估进行核销，并且定期对应付账款暂估数据进行分析，以了解长期未到票的原因。应付账款暂估数据也应成为账龄分析、对账的基础。其余4个往来科目的确认依照业务实质进行确认，各企业一般不存在较大差异。

3. 应收账款、应付账款核销

销售收款或者采购付款之后，财务部门应对应收账款或应付账款进行核销。但是在实际管理过程中，中小企业的收款或者付款大部分与订单金额并不匹配。在此种情况下，有的财务人员在核算时以客户维度作为记账和核销的依据，未将核算维度细化至订单。核算维度未细化至订单不利于企业对各类账款进行管理，若部分订单由于质量问题或者其他原因暂时不予结算，随着时间的流逝，企业内部人员均无法知晓该收款或付款长期挂账的原因。因此，建议中小企业的财务人员在进行往来款核算时，应尽量将每一笔往来款的核算与销售订单或者采购订单相对应。若收款或付款金额与订单不相匹配，财务人员在内部核销时应按照订单的时间顺序由远及近进行分笔核销。

4. 往来款账龄分析

往来款确认之后，企业应每年进行账龄分析，查明往来款逾期或者长期挂账的原因，并且要求相关业务部门进行跟踪整改并反馈。

5. 往来款对账

每月，财务部门应将往来款的挂账情况发送至业务部门，要求业务部门与外部客户或者供应商进行对账。对账内容包括发生额和余额，并且要求外部客户或者供应商盖章回传。其中，应收账款对账建议每季度进行一次，应付账款对账建议每半年进行一次。

6. 往来款催收

对于应收类往来款，企业应制定逾期催收的管理流程。当逾期超过3个月时，由企业法务寄送催款通知单；当逾期超过6个月时，由企业法务联系外部律师直接发送律师函；当逾期超过一年时，则由企业法务直接提交诉讼。企业应妥善保管催收记录，并将其作为保证诉讼时效的证据之一。

7. 坏账计提和核销

对于应收类往来款，企业应制定坏账准备计提政策，并每年进行坏账准备的计提。当应收类坏账符合企业制定的核销条件时，业务部门发起坏账核销申请，经过财务部门领导和其他相关部门领导审核通过后执行。

6.2.5 费用报销管理

费用报销是企业财务部门日常处理的工作之一，费用报销流程繁杂又琐碎。但是从内部控制流程的角度来看，费用报销的管理流程却非常简单。费用报销人填写报销申请表，将各类发票按照财务部门的要求粘贴好后，提交至相关部门审批确认后即可。但是随着**信息技术的发展**，传统的费用报销内部控制流程正在逐步转向由信息系统控制，未来费用会计岗位将在财务部门消失。

目前，大型差旅平台的兴起在较大程度上地解决了企业差旅费报销的难题，企业员工机票、酒店、火车票和出租车的预定均可通过差旅平台进行。平台将自动根据企业的差旅费报销政策审核相关的预定标准，超过报销标准的预定将不被接受。每月，企业定期与差旅平台进行对账，并由差旅平台开具一张发票提交企业进行账务处理，无须单个员工粘贴发票进行报销，大大地节省了员工的报销时间、财务的审核时间和企业高层的审批时间。此外，集中的票务采购可以与航司、酒店谈判，以拿到更低的预定折扣，节省差旅费支出。

除了大型差旅平台对差旅费管理模式带来的改变外，信息技术的发展也大大地提高了费用报销管理的效率。大型企业通过使用 OCR 识别技术、财务机器人技术等提高了费用报销管理的效率，在不久的将来，大部分中小企业也将使用同类技术对费用报销进行管理。**传统费用报销流程涉及费用报销人填写表单和至少 3 个审核节点，即费用报销人的上级负责人、财务部门费用会计、财务部门负责人或者分管领导。**每个人的审核要点不同，例如上级负责人审核报销事项的真实性，费用会计审核报销标准、发票的真实性等，分管领导对整个报销流程进行复核审批。但是在新技术的运用下，费用报销人仅需将发票通过快速扫描仪扫描至系统内，系统会根据发票类型自动完成报销单的填制，并将其和前置单据进行关联。例如，对于差旅费报销，系统将自动把报销申请表与出差申请单进行关联，判断此次报销的票据的时间是否属于出差期间和地理信息是否与出差地点相符。此外，系统与税务局发票查验平台实现了信息互通，其会自动将发票信息与税务发票管理系统进行交换，以对发票的真假进行验证。系统同时还可以对发票编号进行审验，以防止存在电子发票重复报销、发现连号发票等问题。最终，根据审批权限的设计，系统直接将报销申请提交至相关领导进行最终审批即可，甚至对于部分金额较小、符合企业报销标准的报销申请，系统无须再提交至相关领导审核。系统审核完毕后，通过与银行的银企互联接口，自动将报销款汇至员工的银行卡中。至此，整个费用报销流程实现了全自动化处理，内部控制流程的关键控制点从人为的审核审批，转变为了对信息系统的一般控制和应用控制。

内部控制体系建设时，企业一般将员工借款也纳入费用报销流程进行规范。员工借款时应填写借款单，写明借款原因、借款金额、归还时间等信息，提交至相关领导审批，审批通过后员工至财务部门领取借款。财务部门应建立员工借款台账，对到期借款及时进行催收或者要求员工及时提供发票进行报销冲抵。每年年末，财务部门应与员工进行对账，以确定借款余额。

6.3 财务报告管理

大部分中小企业十分不重视财务报告管理，大多数企业的实际控制人认为财务报告是给税务机构或者给银行看的，对自己管理企业没有任何帮助。其实，准确的财务报告能够帮助企业的实际控制人快速地了解企业现状，并且做出正确的经营决策。曾经有一篇论文研究了财务报告的准确性对企业的经营业绩的影响，最后证明了拥有良好的财务报告基础的企业的经营业绩要高于财务报告基础较差的企业。因此，财务报告内部控制流程对中小企业来说非常重要。很多中小企业的实际控制人在无意识的情况下可能建立了销售或者采购流程中的关键控制点，但由于缺乏专业知识一般都没有建立财务报告相关的关键控制点。在所有内部控制流程中，与财务报告相关的内部控制流程是最重要、最应该建立的流程之一。

6.3.1 会计政策和会计估计

会计政策和会计估计是决定财务数据记录的口径和标准，其重要性不言而喻。但是作为财务语言，会计政策和会计报告具有较强的专业性，企业的实际控制人可能并不理解财务语言。财务部门负责人应尽可能将部分关键科目的会计政策和会计估计通过较为直白的方式告知企业的实际控制人。例如财务报告要求准确计入每一笔收入，相对应的是达到什么条件确认收入、确认多少收入等问题都要严格遵守会计政策的规范。如上文案例所示，销售与财务提供的数据口径并不一致，这种场景是在中小企业中普遍会发生的场景，其实归根结底，差异产生的原因在于销售经理说销售的话，财务经理说财务的话。会计政策和会计估计说的就是财务的话。**在企业内部，财务部门应制定会计政策和会计估计，涵盖收入确认、成本核算等重要环节，并且要就会计政策和会计估计同相关部门进行深入沟通并达成一致。后续企业所有的绩效考核、经营决策的唯一数据就是财务数据。**当然，为了更准确地反映企业的经营情况，企业会编制一些内部管理报告，这个时候就需要企业针对内部管理报告确定每一个科目的录入口径和规则。

6.3.2 会计科目设置

如果将会计政策和会计估计作为数据统计的规则，那么会计科目的设置则是统计的口径。财政部针对会计科目的设置出台了相关法律法规，对报表的一级科目进行了规范，但是会计科目的设置中最重要的还是对二级科目、三级科目和辅助科目的设计。财务数据是企业进行经营分析的基础，**设置合理的会计科目不仅能够帮助企业财务报告满足相关监管机构对财务报告质量的要求，还能减少二次加工财务数据的工作量**，财务数据可以直接满足企业的经营分析需求。一套好的会计科目设置方案能减少后续分析、统计过程中数据清洗的时间。一套好的会计科目设置方案需要满足以下几点。

（1）损益表的收入、成本类科目的分类方式与企业产品类别对应一致，个人建议至少对应到三级科目。例如可以对应不同的产品、地区等。

（2）损益表费用类科目应尽可能根据企业经营特点细化至三级科目，并且会计科目的设置要与预算科目、项目成本科目等保持一致，与管理报表的科目要建立起对应关系。

（3）供应商、客户、项目等均不应该在二级科目或者三级科目中设置。

（4）辅助科目的设置应与企业现状保持一致，包括组织架构、员工信息、供应商、客户等。并且企业每半年就要对辅助科目的设置进行更新检查，以免出现因为录入错误造成一个供应商有几条数据的情况。

各中小企业应充分重视会计科目的设置，不要认为会计科目的设置仅仅是财务部门的事情，其实会计科目的设置关系整个企业的经营。财务部门在设置完会计科目后应该征求相关业务部门的意见，并且经过企业负责人审批通过后执行。

6.3.3 账务处理

由于本书不是教读者如何去做账，市面上也有非常多教大家做账的专业书籍，这里只探讨账务处理环节的内部控制流程。账务处理的内部控制流程要保证制单人员和复核人员不是同一人，账务处理应由会计制单，制单完成后提交给总账会计或者财务经理进行审核确认。但是大部分中小企业可能受限于财务人员的数量，无法真正做到不相容职责相分离。在这种情况下，企业就需要加强事后监督，每年聘请注册会计师对企业的账务处理进行审计。根据现在审计业务的市场收费情况来看，在账务量不大的情况下，中小企业的审计费用将远远低于聘请一个专业会计的成本。

另外，根据《中华人民共和国会计法》中关于出纳不相容职责相分离的规定，"出纳人员不得兼任稽核、会计档案保管和收入、支出、费用、债权债务账目的登记工作"。但是在信息技术发达的今天，出纳利用财务漏洞做出舞弊行为的案例已经越来越少，**所以各个中小企业在人员有限的情况下，可以由出纳制单后交给会计进行复核。**同时，中小企业应加强对企业资金管理等相关内部控制流程的管理，特别是每月的现金和银行存款对账工作，一定要实施事后的检查性控制措施，以及时发现存在的问题。

若很多中小企业的会计不重视会计基础规范，中小企业中可能存在账务调整随意，甚至反结账随意的情况，这些都是要避免的。若会计发现某账务处理有错，应填写账务调整申请，说明账务调整原因、调整方法等，并且通过上级领导的审批之后进行调账。此外，企业也不应该随意进行反结账，反结账的申请审批流程应该比调账的申请审批流程更严格。

现在很多中小企业在每月的 10 日无法出具财务报表，归根结底是企业平时的基础管理工作质量太差，导致财务人员在结账之前有很多事情要去做，耽误了结账的时间。企业一定要重视平时的基础管理工作，缩短出具报表的时间，以让财务报表更多地支持经营决策。

与财务报告相关的内部控制重点主要就包括上述 3 点，中小企业能够做到上述 3 点就已经很不错了，在这个基础上，企业再进一步来讨论财务分析等分析工具。

6.4 投融资管理

资金是企业生存和发展的基础，许多企业因为流动资金短缺而经营失败。资金管理包括投资管理、融资管理和营运资金管理，其中营运资金管理对应的关键控制点在财务管理一节已经有所涉及，本节主要讲解投资管理与融资管理的主要风险和关键控制点。

6.4.1 投资管理

投资活动是企业保持核心竞争力的途径之一，对企业利润的创造有着举足轻重的意义。投资风险是企业经营过程中面临的较大风险，投资失败轻则导致企业利润大幅度减少，重则导致企业破产。上市企业在投资并购中踩雷的并不在少数，其中宁波某公司并购深圳市某供应链有限公司时还遭遇了合同诈骗，并购公司通过虚构商业汇票回款、虚构付款记录、客户虚假挂账、虚开信用证、虚构境外购销业务虚增利润、关联交易非关联化、转移费用、虚增资产和漏列负债、潜亏挂账等方式进行财务造假，最终导致宁波某公司遭受了巨额损失。上市企业在股权投资过程中有专业的中介机构对投资标的进行尽职调查，为企业并购决策提供专业意见。但如此仍不能避免踩雷。中小企业无法匹配上市企业的各项资源，其所承受的投资风险更大。

根据《内部控制应用指引第6号——资金活动》第三条的规定，投资管理的主要风险是投资决策失误，引发盲目扩张或丧失发展机遇，可能导致资金链断裂或资金使用效益低下。企业的投资行为根据投资对象和投资规模的不同主要分为金融资产投资、固定资产投资和股权投资三大类。

（1）金融资产投资。

当企业拥有一部分闲置资金时，企业通常会考虑将闲置资金进行投资。企业一般会选择较为稳健的银行理财产品进行投资。对于银行理财产品，一般由企业的实际控制人来确定产品范围，在实际执行过程中，一般由财务负责人根据闲置资金的情况进行购买和赎回。对于风险稍高的金融投资产品，如信托、基金或者股票等，若投资频率较高，则企业应参照证券投资基金对二级市场交易的各类内部控制管理要求和流程进行申购、赎回。建议企业在金融资产投资过程中选择较为稳健的银行理财产品，尽量避免风险较高的产品。

（2）固定资产投资。

制造型企业由于受到产业升级、技术更新等外部条件的影响，需要大规模升级或重置生产线。生产线更新或者改造的成本根据企业所处行业不同而不同，少则上百万元多则上亿元，固定资产投资的风险远高于金融资产投资的风险。有非常多企业盲目乐观地估计了生产线转型之后给企业利润带来的影响而投资失败，最终导致企业经营失败。固定资产投资的关键控制点在于投资方案的可行性论证。企业在进行大额固定资产投资时，应利用财务管理的现金流折现模型对投资的收益率进行测算，财务部门应组织相关业务部门对盈利模型的各种假设条件进行沟通讨论，最终将可行性分析结果和投资风险向企业领导层充分揭示，辅助领导层做出决策。虽然企业建立了完整的固定资产投资管理流程，但是投资的风险始终存在。并且企业要严格遵循高风险、高收益的市场规律，这样内部控制能尽可能保证决策者充分知晓风险和对应的收益。我曾经有一位从事食品生产、制造业务的客户，企业公司老板出于对行业前景的乐观估计，计划将现有的 5 条生产线一次性扩充到 15 条生产线，总投资 2 亿元，企业当年实际营业收入约为 2 亿元。最终，在所有其他高级管理人员均反对的情况下，该决策者力排众议，坚决推动产能扩充项目。截至目前，即使 15 条生产线满负荷生产，该企业产品仍处于供不应求的状态。现在，大家给予了该企业决策者许多积极、正面的评论，如高瞻远瞩、具有战略眼光或者决策魄力等。如果市场并没有按该决策者预估的走势发展，大家对该决策者的评论更多的可能是专断、不愿意听取下属意见、决策依据不足等。**很多中小企业在发展过程中会遇到一个又一个十字路口，大部分企业的实际控制人实则是抱着"赌"的心态进行决策，决策依据十分不足。建议大部分中小企业建立完善的内部控制流程，降低决策中"赌"的成分，将风险管理得明明白白。**

（3）股权投资。

股权投资在这 3 类投资中规模最大、风险最高。除了投资决策前进行充分的尽职调查，以了解被并购企业管理现状之外，企业还面临着并购后整合的风险。研究机构的调研结果显示，并购后整合失败是股权投资失败的主要原因。一般情况下，中小企业并不具备股权投资的能力，但是当企业发展到一定规模时，出于战略目的的需要，可进行股权投资。但是此时企业内部管理水平、员工的专业能力等均跟不上企业的快速发展，这就造成了企业在股权并购环节存在重大风险。股权投资流程的关键控制点包括拟定投资方案、投资方案可行性论证、投资方案决策、投资计划编制与审批、投资计划实施和投资项目的到期处置。内部控制流程的每一个关键控制点均需要明确要点和流转审批权限，但即使完全按照教科书规定的关键控制点进行管理，若人员能力不足，任何内部控制流程都是徒有其表。当企业内部管理人员能力不足时，建议企业在开展股权并购前和并购后聘请中介机构进行尽职调查和提供整合咨询服务。

6.4.2 融资管理

根据《企业内部控制应用指引第 6 号——资金活动》第三条的规定，融资管理的主要风险包括融资决策不当，引发资本结构不合理或无效融资，可能导致企业融资成本过高或出现债务危机。中大型企业信用等级较高、偿债能力较强，其可选的融资渠道较多，包括发行股份、发行债券、银行融资或者信托融资等。在此背景下，企业面临着融资决策不当的风险，与之对应的控制措施是建立与融资管理相关的内部控制流程。但是对于大部分中小企业来说，尽管政府强制金融机构将一部分贷款额度放款至中小企业，但是中小企业"融资难"的问题还需要得到更为有效解决。中小企业面临的主要风险不在于融资决策不当，而在于不能获得融资支持。中小企业的融资方式和渠道与大型企业相比较为单一，主要依靠向金融机构贷款，因此也不存在制定融资方案、选择融资渠道等流程。中小企业根据《企业内部控制应用指引》的要求建立与融资管理相关的内部控制流程时，应根据企业的信用能力、融资难易程度等进行适当的调整。融资管理的关键控制点如下。

（1）提出融资方案并进行论证和审批。

一般由财务部门根据企业战略、年度资金计划和授信情况编制融资方案，提交至企业相关领导审批，审批通过后执行。在编制融资方案时，中小企业普遍会犯的一个错误是"短贷长投"，即通过流动资金贷款的方式融入资金后，将资金投入至长期资产投资，如厂房建设或生产线改造等。"短贷长投"一般出现在企业大规模扩张期，这样做一方面存在投资过度承担投资风险的情况，另一方面将直接增大企业所面临的流动资金风险。期限错配导致企业在还款时资金压力较大，并且还款很大程度上取决于银行二次放款的情况，建议中小企业应尽可能选择长期借款。在新冠肺炎疫情期间，流动资金风险成了压垮大部分中小企业的最后一根稻草，那中小企业究竟该如何解决"短贷长投"的问题呢？

许多中小企业需要进行产业升级、生产线转型，否则就会被市场所淘汰，大部分企业会选择投入大量资金进行生产线改造。但在进行投资决策时，企业往往由于缺少科学的决策流程和充分的决策依据，未对大额的投资进行投资回报率测算，很多项目的投资回报率远低于预期。投资风险和现金流风险形成了关联风险，进一步加剧了企业所面临的整体风险。因此，解决"短贷长投"问题的根本措施是进行科学的投资决策，且进一步要求企业的实际控制者具备战略眼光。与此同时，企业应做好财务规划和现金流管理，在长期投资发生前通过加速应收账款回款、加快存货周转等方式压缩企业的现金流动周期，将现金从日常运营周转中"省"出来，再加上一部分银行资金，以达到降低资金风险的目的。转型中的中小企业在大规模投资前，一定要对企业的融资渠道、现金流和资金使用效率等进行充分评估，尤其是在宏观经济下行期。

一般企业不具备邀请外部专家开展融资方案论证的能力，财务部门应在融资方案提出时向决策者充分揭示风险。

（2）融资计划编制和执行。

融资方案编制并审批完成后，企业需要编制更为详细的融资计划。融资计划一般要明确授信规模、利率、期限、担保和还款计划等要素，融资计划经过企业相关领导审批通过后方可执行。中小企业在融资计划编制过程中，由于可供选择的金融机构较为有限，一般无法进行利率的比较，选择合适的放款银行即可。此外，银行的借款合同和担保合同属于格式文本，其内容一般无法进行修改，企业在进行合同审核时可以简化合同审批流程。

在融资计划编制环节，中小企业唯一需要关注的风险是融资租赁的利率风险。融资租赁方式由于担保方式灵活、对企业资质要求相对较低和贷款期限长等特点成了众多中小企业融资时的首选方式，中小企业可以通过将设备售后回租的方式进行融资。相较于银行流动资金贷款，融资租赁方式在计算实际融资成本时更为复杂，一些企业由于缺乏专业的财务知识、承受了较高的融资成本，最终造成了企业经营失败。融资租赁成本不是简单地根据合同约定的租金比例进行计算，企业根据贷款保证金、融资服务费、利息支付方式、付息频率和付息时间等通过现金流折现模型计算出融资租赁的实际利率。融资租赁机构在营销时往往模糊实际成本的概念，夸大名义利率的作用，名义利率为6%，对应的实际成本可能隐含着14%~18%的实际利率。大部分中小企业的税前利润率远低于融资租赁的实际利率。

6.5 全面预算管理

全面预算管理是指企业对一定期间的经营活动、投资活动、财务活动等**做出的预算安排**。根据《企业内部控制应用指引第15号——全面预算》第三条的规定，企业实行全面预算管理的主要风险是缺乏预算或预算体系不健全，可能导致企业经营缺乏约束或盲目经营；预算目标不合理、编制不科学，可能导致企业资源浪费或发展战略难以实现；预算缺乏刚性、执行不力、考核不严，可能导致预算管理流于形式。

全面预算管理作为一种控制手段，不仅在内部控制理论体系内具有重要地位，还在财务管理和企业管理体系内具有重要地位。俗话说"凡事预则立，不立则废"，全面预算管理作为"预"的重要手段，在企业中起到了重要的资源配置作用，将有限的资源分配到更容易产生利润的环节。但是著名的通用电气公司的 CEO 杰克·韦尔奇是预算管理的彻底否定者，他毫不留情地指出："预算已经成为美国公司的毒瘤，根本不应该存在。"于是在实际管理过程中，很多企业管理者对全面预算管理嗤之以鼻，认为全面预算管理不符合我国企业的管理现状。但是大部分人不知道的是，通用电气公司在取消预算管理制度前已经执行了几十年的预算管理流程，任何级别的员工早已具备预算管理的理念和思维。

全面预算体系在我国"水土不服"的原因主要有两点。**一是全面预算在编制过程中对员工对预算管理工具的掌握能力有着较高的要求**，大部分国内企业财务人员和业务部门人员尚未掌握预算编制技能，最终导致年度预算成了摆设。**二是很多企业认为编制预算仅仅是财务部门的事，单独依靠财务部门是没有办法编制出合理的年度预算的。**全面预算管理涉及企业的产、供、销、人、财和物，所有的业务部门均需要参与到预算的编制过程中去。

全面预算管理作为一项管理抓手，是实现管理目标的保障措施之一。全面预算管理是企业实施内部控制，进行风险管理的重要手段和措施。企业的年度预算目标可以作为内部控制和风险管理识别过程中的目标，将实际经营结果偏离于目标的情况定义为风险，并进一步调查风险成因。全面预算管理就是将企业中一部分的经营行为量化的过程，同时也是在内部控制和风险管理体系运行过程中对所面临的各种风险进行识别、评估和应对的过程。

除此之外，**全面预算管理也是企业战略落地的重要工具。**大部分企业战略失败的原因并不在于战略制定错误，而在于战略执行出现了偏差。全面预算管理作为企业资源配置的工具，是连接企业战略和企业运营的桥梁。最终，预算目标的确定也有利于企业内部实行公平透明、奖罚分明的绩效管理体系，避免出现主观指标占比较高，员工满意度降低的情况，进而影响企业的整体经营。

完整的全面预算管理体系对**预算管理组织、预算编制流程、预算编制表单和预算执行控制等**环节均进行了明确的规定。预算管理组织一般由预算管理委员会作为专门履行全面预算管理的决策机构。企业的财务部门一般作为全面预算管理的执行机构，负责日常全面预算各项工作的管理。预算编制流程一般为在当年10月开始启动下一年度的预算编制工作，财务部门牵头所有相关部门进行第一轮预算填报工作，后续一般通过"两上两下"的流程来确定下一年度的预算数据，经过董事会审批通过后正式下发执行。大部分企业的预算编制内部控制流程大同小异，企业预算编制能力的体现不在于预算管理内部控制流程的完备程度，而在于预算编制的准确程度。

鲜有中小企业能将全面预算管理这一管理工具有效实施。结合中小企业的经营特点，全面预算管理体系在中小企业中失效的原因如下。

（1）中小企业发展速度较快。

中小企业整体规模较小，但有的中小企业营业收入增长率达到50%或是100%。较快的发展速度导致企业管理层根本无法准确判断企业下一年度，甚至是下一季度的经营情况。对于此类型的中小企业来说全面预算的编制确实"强人所难"，此时中小企业应该保持敏捷运营的特点，在竞争中存活是其首要目标。

（2）中小企业缺少历史数据。

很多中小企业不重视历史数据的归集，有的企业甚至没有归集任何数据，对于下一年度的经营预测完全依靠企业决策者的个人感觉。缺少历史数据的支持导致全面预算的编制缺少了充分的预测基础，全面预算数据也成了空中楼阁，与企业发展路径严重不符。

（3）管理层重视程度不够。

大部分中小企业的管理者和员工不了解全面预算管理，甚至有人认为全面预算管理体系的运行会限制权力的行使，使工作受到约束。因此，有的企业在推行全面预算管理体系的过程中遇到了员工的层层阻挠。

综上所述，虽然全面预算管理是一项较好的管理工具，但是并不是所有企业均适合推行全面预算管理体系。当中小企业年销售收入增长率高于 50% 时，企业正处于一个高速发展的阶段，在此阶段企业战略不明、所面临的风险不明，全面预算管理的推行反而会限制企业的快速发展，全面预算管理反而会成为韦尔奇口中的"毒瘤"。除处于此阶段的中小企业外，建议处于其他阶段的中小企业均建立全面预算管理体系。大部分中小企业可能在技术、渠道或者产品方面并不存在核心竞争力，此时应考虑将卓越管理作为核心竞争力之一，全面预算管理是实现卓越管理的起点。

全面预算管理对企业来说是非常重要的管理工具，尤其对中小企业来说，是增强其内部管理能力的重要手段之一。**首先，在全面预算管理体系从 0 到 1 的建设过程中，中小企业要统一员工的思想，明确全面预算的编制一定是企业全员参与的，而不仅仅是财务部门的工作。其次，在全面预算推进过程中，中小企业可以从费用预算入手，逐步将预算编制的范围扩展到收入预算、资本支出预算和资金预算。最后，在全面预算编制专业技术方面，全面预算编制实施两年后，中小企业应注重对数据的搜集和分析，并且逐步建立符合企业经营特点的各类预测模型，提高预算编制的准确程度，保证全面预算的实施效果。**

6.6 案例分析——某企业内部管理报告编制方法

在众多管理会计工具中，内部管理报告是提高企业财务管理水平，完善企业内部控制体系的重要工具。《管理会计应用指引第 801 号——企业管理会计报告》第二条指出："企业管理会计报告，是指企业运用管理会计方法，根据财务和业务的基础信息加工整理形成的，满足企业价值管理和决策支持需要的内部报告。"根据该定义，根据企业管理会计报告使用者所处的管理层级，管理会计报告可分为战略层管理会计报告、业务层管理会计报告、经营层管理会计报告 3 种类型。

根据该定义，经营层管理会计报告主要包括盈利分析报告、资金管理报告、成本管理报告和绩效评价报告等。本节内容主要涉及盈利分析报告的编制思路和方法。

企业之所以要编制盈利分析报告来代替传统财务意义上的利润表，主要是因为随着企业的快速扩张，利润表的数据口径太粗放，导致企业管理层无法针对某一业务部门、某一产品或者某一客户进行决策，最终可能影响企业的经营效果。盈利分析报告的编制过程实际上就是财务报表之一——利润表的分解过程，在分解的基础上，运用比率分析、趋势分析等方法对企业经营提出管理意见。

根据同类项目经验，企业内部在进行盈利分析报告编制前应具备较好的数据基础，即使企业信息化程度不高，也需保证大部分所需要的信息都是以电子表格的形式储存的。否则对数据进行细分的工作量将会较大，若企业业务量较大，则无法编制盈利分析报告。

盈利分析报告编制的步骤主要包括以下 6 步。

第一步：了解数据管理基础。数据管理基础的完善程度将直接决定管理报表体系建设的难易程度。数据管理基础较差的企业首先需要建立数据搜集体系并以适当的形式储存数据。

第二步：划分报表单元。梳理企业各级管理人员对管理报表的实际需求，确定报表划分单元，包括产品维度、地域维度等。

第三步：确定报表格式。在报表单元确定的基础上根据企业价值创造过程设计报表格式，以保证完整描述企业的价值创造过程。

第四步：确定取数方式。不同的科目数据可能有不同的取数来源，包括 ERP 系统、手工报表等，部分数据可能需要由人工来进行确认。

第五步：确定分摊方式。由于业务单元的划分，管理费用、财务费用等需要按照一定的分摊方式进行分摊。设计分摊指标，保证分摊数量合理。

第六步：数据校验核对。管理报表完成后，需与财务报表数字进行核对，若存在差异，需查明差异原因并进行适当的调整。

案例公司背景。

A 公司是主营生产婴幼儿纸尿裤的生产型企业，主要销售渠道包括线下流通渠道，以各城市中小母婴店为代表；KA 渠道，以各大超市、大型连锁母婴店为代表。A 公司还经营代加工出口业务。A 公司在总部设立营销部门，主要负责订单处理、品牌管理、市场推广活动等工作。营销部门下设大区，包括华南、华东、华北、中部，以及西北大区，大区营销部直接管理下属城市。A 公司单独设立 KA 部门对接 KA 渠道。A 公司总部还有生产部门及管理支持部门。

第一步：了解数据管理基础。

质量较差的基础数据将导致企业无法编制高质量的内部管理报告。A 公司使用了 ERP 系统，并且所有销售订单和采购订单均在 ERP 系统内执行，无线下纸质流程，数据颗粒度可以细化至每笔订单。

成本核算也在 ERP 系统内操作。由于纸尿裤生产工序较为简单、自动化程度较高，以及 SKU 较少，成本核算难度较小，A 公司能准确地进行单产品成本核算。

除了收入、成本外，在内部管理报告编制过程中，销售费用的分摊也非常重要。A公司的销售费用主要包括销售人员工资、差旅费、市场推广费和运费。其中销售人员工资在进行记账时辅助科目并未按照现有营销组织架构进行设计，沿用的还是5年前的组织架构。差旅费在ERP系统内按照总额进行录入，未在系统内设计辅助账，线下有各个销售人员的Excel报销统计记录。市场推广费主要分为两种，第一种是大区负责举办的市场推广活动所产生的市场推广费，这类费用直接计入各大区销售费用；第二种是公司层面的市场推广活动。这两种费用在财务账上可明确区分。运费与差旅费相同，在ERP系统内是以总额计入，但是线下有与运输公司结算每笔运费的对账单，初步评估可根据对账单进行人工数据处理。

A公司拥有一定的数据基础，但在各项销售费用方面的数据基础较为薄弱，需要进行大量的数据清洗方能拥有结构化数据。同时，A公司重要的数据均以电子形式进行储存，初步评估可以开展内部管理报告的设计工作。

第二步：划分报表单元。

报表单元即对利润表进行划分的依据，通常可以按照销售区域、产品以及客户3个维度进行划分。报表单元划分的考虑因素主要包括两点。一是管理层的需求。企业管理层希望通过管理报表的编制实现的目标将直接影响报表单元的划分。二是现有数据基础。一般使用ERP系统的企业，其收入与成本不管按照什么维度进行划分均可以直接获得。但是相关费用的划分需要考虑企业已有的数据基础，通常对销售费用的划分维度是销售区域，按产品和客户等维度划分的较少，如果难以直接使用现有数据划分，可能会影响报表的实际使用效果。

管理层的需求和现有数据基础将共同决定报表单元的划分方式，并且决定报表单元的划分颗粒度。根据A公司管理层的需求及现有数据基础，本次项目决定以大区（销售区域）作为管理报表的划分单元。根据已有条件可以将报表单元进一步细分至大区下属城市，但是单元颗粒度过细将会导致工作量成倍增加，并且会对总部营销费用和管理费用的分摊提出较高要求。经与管理层沟通确认，公司现阶段首先编制大区维度的管理报表。单元颗粒度与报表使用者的需求有着较大的关联。

目前，有的管理会计软件公司提出了"人人损益表"的概念，即为每一位销售人员制作损益表，这样做会使得报表维度过细反而造成信息繁杂，不利于企业高层管理人员进行决策。

第三步：确定报表格式。

经过第一步了解管理数据基础后，我们应该对 A 公司的组织架构、经营现状和价值创造过程有了一定的了解。在报表单元确定后，我们需要正式设计报表格式。主营收入、主营成本、税金及附加科目通常无须变动，唯一需要变动的是销售费用科目。在本案例中，首先，根据销售费用中二级项目的发生额占销售费用整体的比例，筛选出占比前80%的项目。其次，根据项目的数据基础判断是否可以按照报表单元进行划分并确定最终的报表格式。A公司报表格式包括收入、成本、税金、人员工资、差旅费、运费、市场推广费及其他费用，其中其他费用包括总部营销部门人员工资、公司品牌宣传费用等。

第四步：确定取数方式。

在对数据基础有所了解并且报表格式已经确定的前提下，如果认为内部管理报告已经基本完成，那就是大错特错了。从工作量的角度来看，前 3 步预计仅完成了 10% 的工作量，而后 3 步却有全部 90% 的工作量。

确定取数方式实质上是将非结构化数据调整为结构化数据的过程，这一过程主要包括两项工作。第一，第一次进行内部管理报告体系建设的企业需要对历史数据进行清洗从而获得结构化数据。第二，企业需要明确未来发生数据的取数方式，包括取数的来源、是否需要进行人工调整、人工调整的方法等。

对于历史数据的清洗，尚未发现有比较高效率的方式。在本案例中，经评估认为，A公司的历史数据的清洗工作量较大，因此仅根据设计的取数方式对过去12个月的数据进行了追溯调整。在实际执行过程中，各企业可根据历史数据的质量确定追溯的期间。这里就不详细列举各类费用的调整细节了。当时，A公司专门请了两个实习生进行数据清洗，最终12个月的数据按照新的取数方式进行调整花了整整一个月的时间。

第五步：确定分摊方式。

分摊方式的确定是整个盈利分析报告编制过程中最为重要的部分之一。但可惜的是，对于这个部分始终没有发现完美的解决方案。在A公司的案例中，A公司涉及两部分的费用分摊。第一部分为总部营销费用的分摊。由于A公司属于零售行业，其每年在品牌建设方面的投入巨大，包括广告、互联网推广等，并且销售总监的人力成本对A公司来说也是一笔巨大的开支。第二部分为公司层面的管理费用、财务费用的分摊。

和成本核算中制造费用的分摊一样，这些间接费用的分摊将直接影响盈利分析报告的质量。在本案例中，最终比较简单地采用按照销售额作为分摊率的方式对间接费用进行分摊。A公司曾经尝试使用作业成本法的思想来确定各类费用的成本动因，并且以此为依据进行间接费用的分摊。但在实际执行过程中，这困难重重。例如对于人力资源部门和财务部门的人工成本，按照对各个区域服务的工时来进行分摊等。

第六步：数据校验核对。

管理报表完成后，需与财务报表进行核对，若存在差异，需查明差异原因并进行适当的调整。收入与成本的合计数一定要与财务报表的当期发生数吻合。若存在不一致，需要查明原因，尤其是要注意退货对收入、成本的影响。对于费用类科目，由于A公司在进行会计处理时采用先计提，等对账或者审核完成之后再将计提冲销，按实际发生入账的方法，因此计提数与实际数存在一定的差异。A公司在费用类科目的差异较小，因此在编制报表的过程中直接采用实际数作为当月数据。

第 7 章 | 资产管理主要风险及关键控制点

　　企业将资金投入固定资产、存货等各类资产，通过合理的资源配置将资产转化为资金，以获得回报。如何通过有限的资产投入创造更多的回报成了各企业面临的重要问题。制造型企业需要建设现代化厂房并且购置各种加工设备，在日常运营过程中还需要储存数量适当的原材料和产成品，以保证企业的运营效率。非制造型企业资产管理的重要程度相较于制造型企业而言较低，其一般仅需关注电脑或者办公家具等行政类固定资产。部分企业可能将无形资产作为其核心竞争力，如专利和品牌等。无形资产的管理对于此类企业来说非常重要。资产管理内部控制流程与人力资源管理流程相同的是，它们都已经形成了完整的、经过实践检验的最佳实践；与人力资源管理流程不同的是，人力资源管理的重点不在于完善的内部控制流程，而在于人力资源管理的专业化程度，而资产管理并不要求具有人力资源管理那样较强的专业性。本章所称的资产包括固定资产、无形资产、存货和视同资产进行管理的低值易耗品。

7.1 固定资产管理

根据用途，企业内的固定资产一般可划分为生产设备、办公类固定资产和 IT 类固定资产。进行内部控制体系建设一般会将资产管理划分为一级流程，再根据资产的类别划分出二级流程，如固定资产管理、无形资产管理、存货管理、低值易耗品管理等。三级流程的划分主要有两种方式：一种是按照固定资产类别进行划分，如生产设备管理、非设备类固定资产管理等；另一种是按照固定资产的管理流程进行划分，资产管理的一般流程包括资产取得、资产日常管理、资产盘点、资产报废处置等。

在制造型企业中，生产设备管理的关键控制点与办公设备管理、IT 类固定资产管理存在较大差异。企业一般会以固定资产类别作为三级流程的划分标准，将固定资产的管理流程作为四级流程的划分依据。**非制造型企业**一般直接按照固定资产的管理流程划分三级流程，不再进行四级流程的划分。如前文所述，不同的划分方式意味着企业需对相关流程起草不同的管理制度，如果企业进行生产设备管理，一般会起草《设备管理制度》《固定资产管理制度》，并在制度内明确固定资产的定义。其他类型的企业编制《固定资产管理制度》即可。

虽然固定资产这个概念基本上人尽皆知，但是能真正准确表达固定资产定义的人员少之又少。很多财务人员会下意识地回答固定资产是价值高于 2000 元以上的资产，但是在企业的制度文件或者核算手册中均没有这样的固定资产定义。《企业会计准则第 4 号——固定资产》第三条规定，固定资产指的是使用寿命超过一个会计年度，为生产商品、提供劳务、出租或经营管理而持有的有形资产。《企业会计准则第 4 号——

固定资产》第四条规定，固定资产同时满足下列条件的，才能予以确认：
①与该固定资产有关的经济利益很可能流入企业；②该固定资产的成本
能够可靠地计量。此外，《中华人民共和国企业所得税法实施条例》第
五十七条规定："企业所得税法第十一条所称固定资产，是指企业为生
产产品、提供劳务、出租或者经营管理而持有的、使用时间超过 12 个月
的非货币性资产，包括房屋、建筑物、机器、机械、运输工具以及其他
与生产经营活动有关的设备、器具、工具等。"实务中一直使用的以价
值是否超过 2000 元为界定固定资产的标准在新准则和相关税收法律中已
经被修订了，所以以价值是否超过 2000 元为划分固定资产的标准缺乏相
关依据。此外，《国家税务总局关于固定资产加速折旧税收政策有关问
题的公告》（国家税务总局公告〔2014〕64 号）规定，自 2014 年 1 月 1
日起，对所有行业企业持有的单位价值不超过 5000 元的固定资产，可以
一次性在计算应纳税所得额时扣除，不再分年度计算折旧。此时有许多
企业开始认为固定资产的标准由 2000 元变成了 5000 元。其实会计核算、
税法规定和实物管理三者对固定资产都提出了相关的管理要求，最终造
成了企业对固定资产的定义出现了混淆。

　　会计核算与税法规定之间的不一致可以通过递延所得税科目进行处
理，只是有些企业觉得通过递延所得税科目进行处理比较麻烦。从而尽
量使会计核算和税法规定保持一致。会计核算与实物管理之间其实并没
有直接联系，会计核算的目标在于保证财务报表中记录的固定资产余额
是真实、准确的。为了保证固定资产余额的真实性和准确性，企业需要
建立验收、调拨管理或者固定资产盘点等流程。实物管理的目标因企业
的规模和风险承受度而有所不同。有的企业的固定资产占总资产的比率
比较低，且都是价值较低的电脑、打印机等，企业认为设置专人或让人
员兼职对固定资产进行日常管理有违成本效益原则，完全可以选择不对
固定资产进行任何管理。在此种条件下，会计核算对固定资产的管理要

求和实物管理所需执行的流程便存在较大差异，许多企业目前实行的固定资产管理流程更多的是出于会计核算的考虑，而不是真正地出于实物管理的考虑。例如对于电脑，根据会计准则的规定，电脑使用年度超过一年并且是为了经营管理而持有的，应作为固定资产进行管理，需要执行验收、盘点等流程。但是对于大部分企业而言，电脑作为实物，毁损或者灭失的风险较低或者企业可以承受相关风险，完全可以不对其进行任何管理。建议企业在进行固定资产管理时，以会计核算要求为主建立内部控制体系，实物管理为次要因素予以考虑。大部分与会计核算相关的内部控制流程也可以降低与实物管理相关的风险。

每一个关键控制点设计的目的是降低相应的风险。对于资产管理流程而言，每一个关键控制点都应明确与风险对应以便企业判断该关键控制点在企业内部的适用性。固定资产管理的关键控制点如下。

（1）**固定资产的归口管理部门。根据固定资产的类别不同，企业的固定资产管理部门主要分为设备部门（设备归口部门）、行政部门（办公类固定资产归口部门）及 IT 部门（IT 类固定资产归口部门）。**企业可根据实际情况明确各类固定资产的归口管理部门。除了归口管理部门之外，固定资产管理还涉及实物管理部门和价值管理部门。与固定资产相关的各部门的主要职责有所不同，企业在进行固定资产内部控制体系建设时一定要分清，否则容易造成各部门相互推诿的情况发生。

固定资产归口管理部门的主要职责包括制定固定资产管理制度并监督制度的执行情况，负责所管理的固定资产的外借、调拨、处置等事项，配合财务部门进行资产的年度盘点等。

固定资产价值管理部门一般是指财务部门，其主要职责：建立固定资产卡片，打印固定资产标签，跟踪固定资产的全寿命变动；正确计提固定资产折旧；定期组织固定资产盘点；进行与固定资产相关的账务处理等。

固定资产实物管理部门的主要职责：参与固定资产的验收工作；负责固定资产的日常维护保养；配合进行固定资产调拨、报废、盘点等固定资产管理流程等。

（2）**固定资产的取得**。固定资产的取得是固定资产管理的重要环节，根据相关会计准则，固定资产在投入使用的次月计提折旧。与固定资产取得相关的内部控制流程将直接影响财务报表对折旧的计提金额。企业应建立固定资产验收流程，固定资产入库后应由验收人在固定资产验收单上签字，并由验收人将采购合同、发票和验收单一起交给财务部门登记，以便建立固定资产卡片。除了达成财务报表准确性目标外，固定资产验收也是实物管理的重要环节。

虽然固定资产验收环节流程设计较为简单，但是在实际执行过程中，企业需要关注以下几点。

①固定资产验收人。固定资产验收通常**需要两人参与**，这两人分别来自采购部门和需求部门。但是根据采购物资对应的风险不同，固定资产验收的参与要求可以适当变化。例如，对于金额较低的采购物资，为了提高管理效率，可以直接由需求部门派人进行验收并在使用过程中进行质量反馈。对于需要双人参与验收的固定资产，若采购部门和需求部门为同一部门，则由该部门员工和部门负责人共同参与固定资产验收。

②固定资产验收标准。单项金额较大、专业化程度较高的固定资产的验收难度较高。验收前，采购部门应组织技术部门、需求部门和外部相关专家等共同制定验收标准，以供验收时使用。

③大型设备的特殊验收流程。部分大型设备需要安装并在进行试产后才可进行最终验收，其验收流程较为复杂。当设备运输至企业时，采购部门应组织需求部门对设备的外观、型号和随箱的各种使用说明书进行检查，核对是否一致并填写**固定资产预验收单**。财务部门收到预验收单后将该设备作为在建工程进行账务处理。设备安装完成并经验收通过

后，需求部门填制《最终验收单》明确验收意见。验收通过后，需求部门将相关单据传递至财务部门，财务部门进行在建工程转入固定资产的账务处理。

（3）**登记固定资产卡片**。固定资产验收完成后，采购部门将验收单、采购合同和采购发票提交至财务部门。财务部门应根据固定资产采购信息在财务系统内登记固定资产卡片，明确固定资产原值、折旧年限和残值等关键信息。固定资产卡片建立完成后，财务部门员工打印固定资产标签并及时粘贴在固定资产上。

目前，ERP系统内普遍配置了固定资产模块，其上的固定资产卡片记录的信息非常完整，除了账务处理需了解的信息外，对保管人、保管地点等实物管理信息也进行了相应记录。在固定资产的管理过程中，有些企业认为公司已经在财务系统中输入了较为完整的固定资产信息，没有必要再建立固定资产台账。建立固定资产台账的目的在于当ERP系统中的固定资产模块要素不完整时，企业可通过台账记录固定资产的保管情况。但是若企业建立了较为完善的固定资产内部控制流程，在固定资产调拨、报废或者处置时，相关人员应及时将相关信息传递至财务部门进行固定资产卡片信息变更，以保证账实相符。在实际管理过程中，企业中存在一部分移动性较强的固定资产，如电脑、打印机等。若频繁的变动均进行流程审批将导致企业管理效率降低。在此种情况下，一个部门内固定资产调拨或者保管人变更由于不影响财务核算，因此无须执行相关审批流程。若企业对固定资产实物管理的风险承受度较高，也完全不需要建立固定资产台账，仅需参照财务核算管理的要求即可。

（4）**固定资产调拨**。固定资产的调拨是企业内部经常会遇到的情况。固定资产的调拨一般分为3种。第一种为同一个部门内部保管人的调拨，此类调拨通常不需要执行书面的调拨流程。第二种为跨部门的调拨，此类调拨需要在企业OA系统内或者使用纸质单据执行审批流程并将审批结果抄送至财务部门，财务部门需对固定资产卡片中的登记信息进行修改。第三种一般为跨主体之间的调拨，一般发生在关联企业之间，此类调拨除了需要执行调拨审批流程外，在财务和税务上均应与固定资产出售的操作相同。

在实务过程中，对于部分可分割的固定资产的调拨应重点关注。**在调拨时，企业未将固定资产整体进行调拨，而是对固定资产的一个组成部分进行调拨。企业在后续的固定资产管理过程中应尽量避免此种情况的发生，固定资产的分拆将导致企业固定资产管理的难度加大。**

（5）**固定资产日常维护保养**。生产设备需要定期进行维护保养，以延长设备的使用期限，此关键控制点完全出于实物管理的需要。仅拥有电脑、打印机等办公类固定资产的企业不适用这个关键控制点。生产设备实物管理部门应针对不同的设备每年制订维护保养计划，包括日常维护保养和定期维护保养。维护保养完成后，实物管理部门需要对维护保养情况进行记录并归档保管。

（6）**固定资产维修**。固定资产因损坏需要维修，固定资产实物管理部门应提出维修申请，若企业内部有设备维修人员，则由设备维修人员进行修理，若涉及备品备件的领用，应参照存货管理流程执行；若企业内部没有设备维修人员，应由采购部门在外部寻找维修人员，具体参照采购管理流程执行。部分维修金额较低的固定资产可由使用部门自行寻找维修人员进行维修，待维修完成后获取维修发票，执行费用报销流程。

（7）**固定资产盘点**。企业应每年度至少组织一次固定资产全面盘点，财务部门负责组织实物管理部门、归口管理部门组建盘点小组。财务部门负责编制盘点计划、制作盘点表并交由盘点小组进行现场盘点。有条件的企业可以使用手持 PDA 设备对固定资产条码进行扫描，以完成盘点。若盘点结果与账面有差异，盘点小组应及时查找原因并编制差异分析报告，提交至相关领导确认，有关领导确认后提交到财务部门进行账务处理。

（8）**固定资产减值准备**。根据会计准则的规定，财务部门应每年对固定资产进行减值测试，对于符合条件的固定资产应计提资产减值损失。但是在实务过程中，企业基本不会进行固定资产的减值测试，一般会直接交由第三方审计人员进行判断。

（9）**固定资产报废**。许多内部控制相关人员有时将固定资产报废流程等同于固定资产处置流程，实际上两者并不能等同。固定资产报废流程主要适用于使用年限达到要求、损坏无法使用或者更新淘汰的固定资产，这类固定资产需要在账务上进行报废处理。固定资产处置流程适用于尚处于可使用状态，但是因业务需要而直接选择出售或者对外投资的固定资产。对已报废的固定资产的处置属于出售废铁的流程，此流程应与企业内部处理生产过程中留存的可回收物资的流程相同。

固定资产报废需要由实物管理部门提出申请，并组织相关人员或者专家对固定资产的使用状态进行鉴定。经鉴定后确实因损坏等无法继续使用的固定资产，由鉴定人员出具鉴定意见，根据固定资产净值的金额提交至不同层级的管理层审批，并将审批结果发送至财务部门备案。财务部门收到固定资产报废申请之后将固定资产转入固定资产清理科目。

（10）**固定资产处置**。固定资产处置需要由实物管理部门提出申请，并根据相关金额提交至不同层级的管理层审批并将审批结果发送至财务部门。财务部门收到审批结果后将固定资产转入固定资产清理科目后，根据处置的公允价值计入营业外收入和营业外支出科目。

7.2 无形资产管理

无形资产是企业拥有的一项重要资产，包含专利、商标、软件、著作权、土地使用权、特许使用权和商业秘密等一系列区别于有形资产的资产。根据《企业内部控制基本规范》对无形资产管理风险的定义，无形资产管理的风险主要描述为："无形资产缺乏核心技术、权属不清、技术落后、存在重大技术安全隐患，可能导致法律纠纷、缺乏可持续发展能力。"虽然《企业内部控制应用指引第8号——资产管理》将无形资产的风险描述得比较严重，但是在实际执行过程中，仅依靠内部控制流程的建设实质上无法降低企业运营运程中与无形资产相关的风险。所以，大部分企业在内部控制体系建设的过程中对无形资产的管理实质上是可以弱化的。按照流程执行顺序，无形资产的关键控制点一般分为归口管理部门确定无形资产的取得和验收、安全防范、技术升级和更新换代、处置与转移等。内部控制体系的建设效果与无形资产管理的专业化程度成反比，即无形资产管理的专业化程度越高，越完善的内部控制流程对企业的帮助越小。

（1）**无形资产的管理**。无形资产管理通常作为资产管理的二级流程，企业必须明确无形资产的归口管理部门。由于无形资产管理涉及的流程性工作较少，无形资产的归口管理部门一般仅负责无形资产的后续管理事项。无形资产归口管理部门的职责主要包括：①负责专利等无形资产的申报工作；②负责无形资产相关证照的保管工作；③负责无形资产的处置等相关工作。

（2）**无形资产的取得与验收**。根据来源不同，无形资产可以分为自行开发的无形资产、外购的无形资产及以其他方式取得的无形资产，其他方式如非货币性资产交换等。自行开发的无形资产在管理层面上的关键控制点主要是在研发完成后，无形资产应由研发项目组负责人提出研发结项申请，经过专家评审、相关领导审批之后正式结项。对于需要申请专利技术的无形资产，研发项目组应将相关资料转交至专利管理部门进行专利申报。对于不需要申请专利，视同商业秘密进行保管的无形资产，则由保管部门保管研发过程资料。在会计核算层面，若研究成果需要计入无形资产科目，这意味着企业要对研发费用进行资本化处理。但是由于资本化的要求较高，对企业中与研发相关的内部控制流程建设的要求也较高，因此，目前大部分上市企业对研发费用选择费用化处理，而不进行资本化处理。

对于外购的无形资产，其取得无论是出于管理的目的，还是出于会计核算的目的，管理流程都比较简单。无形资产采购完成后应由需求部门、采购部门共同参与验收，验收无误后共同在验收单上签字确认。采购部门将验收单、发票、采购合同一起提交至财务部门，由财务部门进行账务处理。有的无形资产可能存在实物凭证或者涉及产权变更，则由相应部门负责保管实物凭证和进行产权变更即可。

无形资产由于没有实物形态，后续无法进行盘点。另外，对于技术先进性这个指标，企业其实很难有权威的标准对其做出评价。对于无形资产后续的关键控制点，如果按照《企业内部控制应用指引第8号——资产管理》的要求是很难做到的，因此这里不再介绍。

7.3 存货管理

存货是指企业在日常活动中持有的以备出售的产成品或商品、处在生产过程中的在产品、在生产过程或提供劳务过程中耗用的材料或物料等，包括各类材料、在产品、半成品、产成品或库存商品，以及包装物、低值易耗品、委托加工物资等。**存货主要包括三大类。一是为了出售的产成品或商品，企业为了及时响应客户的采购需求，通常会选择保留一部分的产成品，以加快交付速度。二是正处于生产过程中的存货，部分**

企业生产周期较长从原材料到产成品产出的过程形成了许多在产品。三是为了生产而采购的各类原材料、包装物等，为了保证生产按计划执行，企业需要提前储存部分原材料。在产品存货的数量取决于企业的生产效率，一般与存货管理不相关。存货管理内部控制体系主要是对第一类和第三类存货进行管理，以提高企业的运营效率。

存货管理除了保证存货实物账实相符和保管安全外，取得**库存成本和缺货损失之间的平衡**是其首要目标。《企业内部控制应用指引第 8 号——资产管理》指出，存货管理的风险在于存货积压或短缺，可能导致流动资金占用过量、存货价值贬损或生产中断。存货管理的理想状态的基础是丰田公司提出的准时生产制。所有生产计划均严格依据销售计划制订，产成品下线入库后立即发出。原材料严格按照生产计划排产要求到货，经检验合格后直接投入生产线生产。在理想状态下，企业仅保留第二类存货，第一类和第三类存货均为 0 或者处于较低水平，以保证企业的高效运转。但是准时生产制的实行有着严苛的外部条件，并不是所有的企业都可以采用准时生产制。大部分企业还是需要储存一部分产成品和原材料作为运营的"缓冲垫"。如何尽可能地降低"缓冲垫"的数量成了企业需要解决的重要问题之一。

大部分中小企业的存货管理能力较差，许多中小企业倒闭的原因在于流动资金短缺，而流动资金短缺的两大罪魁祸首就是应收账款和存货。具体的进销存无法准确核算，成本无法正确结转，导致亏本销售；存货日常管理不善，导致存货被盗或变质；未及时处理呆滞物料，导致流动资金占用过多等。因此，中小企业建立与存货相关的内部控制体系的首要目标是及时、准确地记录存货数据。在存货数据记录准确的前提下，中小企业才应该去探究降低存货数量、提高资产周转效率。此外，传统的手工记账方式已经没有办法再满足企业对存货管理的要求。因此，本节将以标准信息系统存货管理流程为背景进行存货管理。根据《企业内部控制应用指引第 8 号——资产管理》解读，存货管理的二级流程主要包括取得、验收入库、仓储保管、领用发出、盘点清查和销售处置等环节。存货管理的关键控制点如后文所述。

7.3.1 存货的归口管理部门

企业仓储部门一般作为存货的归口管理部门，仓储部门的职责主要包括：负责制定企业整体仓库管理流程并对流程执行情况进行监督；负责所管理的仓库的存货入库、出库、日常保管、组织盘点、报废等事项；负责对各仓库内存货进行记录、追踪，计算安全库存；负责对存货库龄进行分析，对呆滞物料进行管理。

除了归口管理部门外，存货管理涉及的另外两个重要部门分别是质量部门和财务部门。质量部门需要对所有出入库的存货进行检验，以保证存货质量符合企业管理的要求。质量部门的主要职责包括：负责对存货来料、委外加工半成品、生产成品等进行质量检验；负责对不良产品进行判定等。

财务部门需要根据仓储部门编制的出入库单据进行成本核算，其主要职责包括：负责对存货进行日常核算并进行账务处理；负责组织存货年度盘点等事项。财务部门还要负责根据存货出入库的相关单据进行账务处理，对于信息化程度高的企业，所有的出入库单据都将根据出入库类型自动生成财务凭证，减少财务人员手工操作的工作量。

大部分中小企业可能由于人手不足、组织架构不完善等原因，未将仓储部门作为独立部门进行管理，而是将仓储部门设置在某一职能部门下进行管理。有的企业将仓储部门设置在财务部门下，有的企业将仓储部门设置在采购部门下，还有的将仓储部门设置在生产部门，甚至是销售部门下。从内部控制体系建设原则的角度分析，仓储部门作为独立部门，因为若将仓储部门设置为二级部门，其潜在风险会非常高。采购部门、生产部门，甚至是销售部门都会涉及仓库的实物流动。仓库需要接受来自上述部门的指令进行出入库操作，如果由这 3 个部门之一来管理仓储部门，将会导致存货管理的某一流程由一个部门执行，这对企业管理层而言是不利的。财务部门虽然不涉及存货的实物流动，但是对仓储部门有着监督的职责，财务数据的准确性、及时性依赖于仓库单据处理的准确性和及时性，因此由财务部门管理仓储部门可能导致财务数据失真。在可能的情况下，企业还是应该单独设置仓储部门，但是仓储部门与财务部门、采购部门或者销售部门等应属于同级部门。

7.3.2 仓库设置

仓库的设置包括**实际物理环境中仓库的设置和信息系统内仓库的设置**，其中实际物理环境中的仓库与具体的建筑物不存在相关性，企业可以在一个建筑物内划分出相应的区域作为一个物理仓库。制造型企业通用的仓库一般包括原材料仓、半成品仓、产成品仓、委外加工仓、不良品仓、备品备件仓和行政物资仓 7 种仓库。信息系统内的仓库设置应该与物理仓库一一对应。在有的企业中，实际物理环境中的仓库有 6 个，但是信息系统内的仓库却有 30 余个，信息系统内的仓库与实际物理环境中的仓库无法建立一对一或者一对多的对应关系。管理基础薄弱的企业可能在很多系统仓库内都有存货余额，但是对应的存货不见踪影，最终导致的结果就是存货账实不符。此外，存货管理流程的内部控制漏洞也将成为发生舞弊行为的高风险领域。

仓储部门的建立由相关部门提出仓库设立申请，主要包括设立原因、存放物料、保管条件、对应物理环境仓库等信息。仓库设立申请经过仓储部门、财务部门和相关领导审批通过后方可正式设立。存货的管理归口部门收到经过审批的申请后方可在系统内新增仓库，并明确该仓库的责任人。仓储部门应定期检查系统内已设立的仓库，当一个仓库长期不使用时，仓储部门应提出禁用申请，经过财务部门和相关领导审批后，将原有存货调拨至其他仓库，调拨完成后关闭该仓库。

有些企业在实际的流程执行过程中，出于部分采购或者销售过程中出入库的需要，会在ERP系统里建立一个虚仓。虚仓指的是没有对应实物仓库的仓库。企业一定要在每月月底结账时确认虚仓内各项存货的余额是否为0。

在企业实际的管理过程中，有一部分企业的财务系统不支持仓位管理，因此企业设置单独的仓库会被视同为仓位进行管理。但是从管理的角度出发，企业应尽可能避免这种情况的发生。一方面，因为很多成熟的ERP系统里其实是有仓位这一概念的，不需要单独设置仓库作为仓位进行管理。另一方面，系统仓库设置过多会增加盘点的工作量，也会导致在日常管理过程中出现错误的风险加大，使得账实不符的可能性增加。

有一部分企业除在公司层面设立仓库之外，出于日常管理的需要，还会在部门层面设置二级仓库。比较常见的是企业在外地办事处设立成品仓库，以保证发货的时效性，部分售后维修或者设备管理部门为保存一定比例的备品备件设立备品备件仓库等。设立二级仓库的目的是提高企业的运转效率，但是仓库数量增多也增加了企业管理的复杂程度，所以二级仓库的日常管理要完全按照一级仓库的管理流程执行。除了日常存货管理流程之外，对于二级仓库的管理，企业应该额外建立**3项流程**。第一，各个二级仓库之间不允许自行调拨，如果发生调拨的情况，也应该是由一级仓库的管理部门发起，二级仓库之间随意自行调拨可能导致存货管理混乱。第二，二级仓库一定要设置库存限额，超过库存限额的二级仓库不允许提出调拨申请，待存货发出或领用之后才能提出调拨申请。第三，二级仓库需建立定期调回机制，二级仓库中的存货一般每季度或半年调回一级仓库一次，一方面是为了把呆滞存货集中到总部统一处理，另一方面也是为了总部能够更好地对存货进行统一管理，降低整体库存规模。

有的企业需要自行购买原材料并将部分生产委托给加工供应商进行加工，导致企业需将部分材料寄存于委外加工供应商处，形成了委外仓库。委外仓库与其他仓库相比存在较多管理难点，如仓库距离较远导致部分管理要求无法实施、委外加工供应商不会使用企业的信息系统，导致存货数据传递不及时等问题。虽然存在较多管理难点，但是企业应尽可能保证委外仓库和企业内部仓库的管理要求一致。与委外仓库类似，部分企业的客户使用 VMI 的库存管理模式，要求各供应商将产成品放置于其指定仓库中，只有在其领用时才进行结算。对于此部分库存，企业应在合理限度内要求客户提供每月的出入库报表，并让客户允许企业每半年开展一次盘点工作。

7.3.3 存货入库管理

根据不同存货类型，存货入库可以分为原材料采购入库、产成品入库、生产退料入库、销售退货入库和其他入库等类型。针对不同类型的存货入库，企业都需要建立相应的内部控制流程，以保证入库的准确性并且进行正确的账务处理。

1. 原材料采购入库的一般内部控制流程

采购部门应提前将原材料的到货信息告知仓库，一般会将采购订单或者收货通知单发送给仓库作为验收依据，由仓库做好入库准备。到货之后，仓库首先对原材料的外观、型号、数量等进行检查，检查无误后在送货单上签字确认并将原材料放置在仓库待检区。然后仓库通知质量部门对原材料进行检查，质量部门检验合格后应在该批原材料上贴上检验合格标识，仓库在看到标识之后在系统内根据采购订单下推入库单，并且将原材料由待检区转移至对应库位。原材料采购入库的一般内部控制流程比较简单，但是在实际执行过程中，企业可能会碰到意外情况，入库环节的意外情况无外乎是多送了或者是少送了。**对数量的差异的处理，要看企业和供应商是如何约定的，如果约定了一个误差范围，在这个误差范围内均视同正常交货，采购结算价格不变，那入库数量即为实际到货数量，原材料采购金额由系统自动根据采购订单进行计算。**如果数量的差异超出了合理损耗，到货少了的情况比较好处理，企业根据实际到货数量先办理入库并要求供应商补发即可。但是如果到货多了，企业则需要联系供应商商讨如何处理。如果供应商表示多出来的原材料直接赠送，则企业按照实际到货数量办理入库即可，这样会降低原材料的单价；如果供应商表示多出来的原材料要另外结算，则仓库应根据采购订单办理入库并将多余的原材料直接退回。总之在入库环节，仓库只对到货的外观和数量等负责，到货只有在质量部门检测通过后，这些到货才可以在系统内办理入库流程，以保证在仓库内的存货都是合格的。

2. 产成品入库的一般内部控制流程

生产线在每日生产完成之后将产成品放置在产成品区，并通知质量部门进行成品入库质检。质量部门检验通过后在产成品上贴上质检合格标识。生产部门则在系统内办理产成品入库申请，仓库在接到申请后核对实际数量是否与系统登记信息一致，质检合格标识是否粘贴，若一致，仓库便在系统内确认入库并将产成品放置在对应库位。一般生产制造型企业对成品仓的管理一定要进行严格的控制，只有从生产线上生产完成且质量检验合格的产成品才能进入成品仓。对于因销售退回、试用退回等造成的产成品入库，也需要经过生产线返工且质量检验合格后方可办理入库流程。这样的流程设计能最大限度地避免产成品在后续环节中出现质量问题。

3. 生产退料入库的一般内部控制流程

在生产过程中，由于原材料多领或者原材料质量问题需要进行退料的，一般先由生产部门填写退料申请，经过质量部门检验后发表处理意见。检验不合格的原材料由生产部门在系统内做出红字冲销领料申请处理，仓库核对品种、数量等，核过一致后确认入库。仓库在操作时要注意区分退料是不良品还是正常品，不良品退回时，应退至不良品仓，正常品退回应退回至原材料仓。在生产退料流程中还会出现一些特殊情况，例如有的原材料退回的数量并不是特别好确定，因为原材料入库都是整数入库，生产领料也是整数领料，但是退料多是拆包的零散原材料。对于多领的原材料，如果数量不是很多，生产部门可以将这部分原材料留在生产现场，待下一批次生产继续使用，这样做无非是影响每个生产批次的成本核算，但是将该部分原材料的成本分摊到一定的时期内的话，这种成本的变动是可以忽略不计的。但是当企业产品的毛利率比较低并且原材料成本占比较大，企业需要精细化成本核算的时候，这种成本的变动的影响就较大，这就要求生产部门及时办理退料，以保证每个生产批次成本的准确性。

4. 销售退货入库的一般内部控制流程

销售退货流程在销售管理中已经有所提及。与其他存货入库一样，仓储部门一定要在质量部门经过检验并且发表确认入库意见之后再办理入库。而且出于会计核算的需要，企业也一定要在对应的销售出库单上做红字冲销处理。同样，在入库的时候，企业一定要选择正确的仓库。

5. 其他入库的一般内部控制流程

其他入库一般包括存货的借用归还，产成品、存货盘盈等各种业务场景下对应的入库，此时一般由相关部门在系统内提出其他入库申请，相关部门一定要在其他入库单中选择其他入库的类型，经过质量部门检验通过后，仓库核对种类、数量等，核对一致后确认办理入库。在系统内，不同的其他入库类型一定要对应不同的会计处理科目。

7.3.4 存货出库管理

存货的出库一般可以分为原材料领用出库、销售出库和其他出库等类型。针对不同类型的出库，企业需要建立相应的内部控制流程，以保证出库的准确性并且进行正确的财务处理。

1. 原材料领用出库的一般内部控制流程

在生产计划和 BOM 表制订得比较完善的企业中，生产部门会根据生产计划排产并在系统内下达生产单，系统会自动根据 BOM 单计算各个物料的领用数量并自动生成领料单，仓储部门根据领料单进行备货并与生产部门进行交接。生产部门核对品种和数量等，核对无误后在领料单上签字确认。若系统根据 BOM 表下推领料单，得出的是理想情况下的材料耗费，但是在实际生产过程中，企业始终会有一些合理的损耗。**因此在下推领料单的时候，企业一定要设置合理的损耗比例，以免生产过程中发生缺料情况影响生产进度。**有些中小企业可能对生产计划和 BOM 表制订得不是很完善，在这种情况下，一方面，企业要完善信息系统的建设，以提高自己的管理水平；另一方面，要加强流程建设以保证领料合理性，在生产领料时，生产部门要根据生产计划填写领料单，经过生产部门负责人审批后方可至仓库领料。该批生产完成后，生产部门要严格检查产线上的物料结余情况并及时办理生产退库流程，以通过加强事后控制来弥补事前控制的不足。领料单除了生产部门由于生产需要使用外，其他管理部门也可能会在领料流程时使用。相关部门填制领料单时，**尤其要注意因研发领料一定要在领料单上注明研发项目编号**，经过部门负责人审批通过后提交至仓库领料。在实际的生产过程中，由于生产线的操作不当或者原材料质量问题造成原有领料数量不够，需要补料的，由生产部门提出补料申请，经过生产部门负责人审批通过后执行补料流程。

2. 销售出库的一般内部控制流程

销售出库的流程详见销售管理章节。

3. 其他出库的一般内部控制流程

出库管理的一大难点是其他出库管理流程。其他出库一般包括盘亏处理、报废处理、存货借用、成品试用等流程。这些流程不同于前面讲到的出库流程，一般都有前置的审批流程，仓库只有在看到这些前置流程均经过审批时才能在系统内操作其他出库流程。例如，存货报废处理一定是由仓储部门根据存货的库龄等相关要素提出报废申请，经过质量部门判定通过后提交至相关领导审批，领导审批通过后仓储部门方可在系统内操作其他出库流程。其他出库流程还有非常重要的一点就是，所有的出库类型均需要明确对应的账务处理方式。尤其要注意执行成品试用出库流程时在税务上要视同销售处理，缴纳增值税，并将成本与税费一起计入销售费用科目。企业在设计此类管理流程时，一定要将相关流程的审批结果抄送至财务部门备案，以便财务部门进行正确的账务处理。

7.3.5 存货日常管理

存货日常管理包括存货质量复检、存货库龄管理和仓库日常管理等。

1. 存货质量复检

对于部分库龄较长但未过保质期的存货，企业质量部门应定期对这些存货进行质量复检，以判断这些存货的可使用价值。质量部门复检完成后应将复检结果提交至相关领导审批。若复检发现存货已经不符合质量要求，仓储部门应提出报废申请对该批存货进行报废处理。

2. 存货库龄管理

仓储部门应保证在日常存货出入库过程中严格执行先进先出的使用规范。在存货管理系统较为完善，企业库位管理较为严格的前提下，每次存货出入库都由先进先出原则严格进行控制。但是一般中小企业的存货管理系统可能无法达到上述标准，并且由于场地限制，其仓库库位划分可能并不是十分明确。在这种情况下，仓库管理员在摆放存货时一定要保证对不同批次的存货摆放有先后顺序，当先前的存货出库后，仓库管理员应将后面的存货往前移，让后来的存货在这批存货后面，即通过人工调整的方式来保证存货的先进先出。除了日常管理通过先进先出原则进行控制之外，企业财务部门或者仓储部门应定期进行存货库龄分析，并特别关注库龄较长的存货的状态。

3. 仓库日常管理

企业应加强仓库的安保意识，未经企业许可，任何其他人员不可进入仓库。仓库要做好防火、防洪、防盗、防质变等管理工作。对于日常管理有特殊要求的存货，企业应采取相应措施，例如提供低温、干燥的存放环境，并且定期对仓库的环境进行检查和记录。

7.3.6 存货盘点管理

企业存货的盘点分为仓储部门定期的抽盘和企业财务部门组织的定期全盘。仓储部门应每月组织仓库管理员进行抽盘，并将抽盘结果记录在盘点表上，盘点人员签字确认。财务部门应每半年或者每年组织仓储部门一起进行全盘并保留相应盘点记录。

定期全盘开始前，财务部门应编制盘点计划，组建盘点小组，明确盘点范围和小组人员的分工。盘点计划经过财务经理审核通过后下发至相关人员开展盘点前准备工作，准备工作一般包括将不属于企业的存货单独存放、减少存货不必要的流动等。财务部门应提前准备好盘点表，采取主动式盘点表的效果更好，即财务部门在制作盘点表的时候仅仅列出存货名称、型号等信息，数量需要由盘点人员根据盘点结果填制，财务部门汇总之后与系统数量进行对比，以发现差异。还有一种是被动式的盘点表设计，即盘点表列出系统内各类存货的数量信息，盘点人员仅需根据盘点结果进行打钩。企业可以选择适合自身情况的盘点表。外协仓库或者不在企业本部的仓库盘点也要按照企业的盘点要求进行。

盘点小组在盘点完成后将盘点表提交至财务部门汇总，财务部门汇总后编制盘点报告，并查找盘盈、盘亏的原因，并提出处理意见，经过企业领导审批通过之后进行账务上的调整处理。

第 8 章 其他流程主要风险及关键控制点

除了生产管理流程之外，第 3 章至第 7 章分别对企业的供、销、人、财和物相关的内部控制流程进行了介绍。本章将对企业内部管理的剩余部分进行介绍，包括合同管理、印章管理、授权管理和研发管理。与《企业内部控制应用指引》中的 18 项流程相比，本书未涵盖组织架构、发展战略、社会责任、企业文化、工程项目、担保业务和信息系统等流程。因为本书主要面向中小企业，大部分中小企业在实际管理过程中较少涉及上述流程。

8.1 合同管理

合同是约定平等双方权利与义务的法律文件，当无法通过道德诚信或者私人感情保证事项执行结果的时候，双方会将合作内容逐字逐句地记录在合同内，尤其是合作过程中双方的权利与义务，以及违反了权利与义务时双方需要承担的责任等内容。当交易双方足够信任彼此、交易形式足够简单或者交易金额足够小时，合同是没有必要存在的。合同对于企业来说并不是必需品，不是所有的对外行为均需要合同来规范。由于交易形式非常简单或者交易对方是合作多年的生意伙伴，双方间的信任程度较高，中小企业更多的是依靠信任关系与交易对方进行合作，合同的签订仅仅是形式上的保证。此外，若中小企业的合作方是大型企业，大型企业在双方交易过程中通常占据较高的交易地位，有时候中小企业在与大企业合同的谈判中会较为被动地接受对方的要求。

当交易双方签订了合同并且依据合同谈判的内容正常地履行自身的权利与义务时，交易双方可能并不会将交易的顺利执行归功于合同，而是归功于交易双方的诚信履约行为。毕竟在现实生活中，企业遇到合同纠纷的概率还是比较低的，久而久之，企业管理者就在潜意识里形成了合同没有用的思想，最终可能导致企业完全不重视合同的签订和管理。但当真的出现合同纠纷事件的时候，缺少合同的支持会导致实际利益受损的一方无法得到法律的支持。

由于外部环境复杂多变，交易洽谈时基于的假设因素可能随时会发生改变。况且目前商业社会中绝大多数交易主体还是以自身利益为重，真到了发生损失时，交易各方一定是尽可能地维护自身的利益。

此时，洽谈时口头约定的各个条件就成了空中楼阁，利益受损的一方将承担无法举证的责任，自然而然其利益无法受到法律的有效保护。

企业应该建立合同管理的相关流程，对合同订立、合同审核、合同签订、合同执行和合同变更等环节进行管理，中小企业也需要如此做。同时，考虑到中小企业的成本压力，中小企业可能无法承受聘请专职法务的人力成本，因此可以聘请外部独立的法律顾问对重要合同进行管理，以及对合同模板进行起草。

合同管理流程的风险可划分为两大类：**合同自身的风险和业务所蕴含的风险**。合同自身的风险主要指的是合同盖章、合同留白、合同违约条款设置等的法律风险。业务所蕴含的风险包括付款条件、交易对方履约能力等。业务所蕴含的风险应该由业务部门负责管理，因为合同管理流程仅能防范合同自身的风险，而无法防范业务所蕴含的风险。合同管理流程如图 8-1 所示。

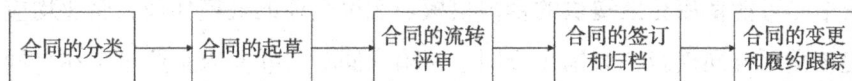

合同的分类 → 合同的起草 → 合同的流转评审 → 合同的签订和归档 → 合同的变更和履约跟踪

图 8-1　合同管理流程

8.1.1 合同的分类

分类管理是企业实现精细化管理、降低管理成本的重要工具之一，指依据一定的标准对事项进行分类，并针对不同类别的事项使用不同的管理方法。分类管理能将有限的管理资源优先投入风险高的领域，以实现效益的最大化。合同一般根据合同规范的法律事实划分为三大类，**包括劳动关系类合同、日常经营类合同和投融资类合同**。

劳动关系类合同以与员工签订的劳动合同为主，还包括与其他人员签订的劳务合同、劳动派遣合同等。日常经营类合同则是和企业的日常经营息息相关的一些合同，包括采购合同、销售合同、外包合同等。投融资类合同则是企业在进行大额资本运作时可能会涉及的合同，包括银行借款合同、股权投资合同、基建投资合同等。

不同的合同类型对应着不同的业务事项，不同的业务事项对交易双方的地位、业务所蕴含的风险都有不同的影响。因此后续的关于合同管理的各关键控制点的管理将对不同的合同类型加以区分，并提出合适的内部控制体系建设建议。

8.1.2 合同的起草

大部分日常商业交易都属于常规交易，交易合同会使用交易双方中乙方的合同模板。而交易双方的交易地位差距、管理成熟度等因素也能左右具体使用哪一方提供的合同模板。**合同管理的首要要求是在交易过程中尽可能使用企业提供的合同模板**。无论企业的规模如何，企业均应起草常用合同模板，如销售合同、采购合同等，并要求企业员工在合同签订过程中使用企业自己的合同模板。一方面，该合同模板是从企业的角度出发制定的，在法律条款的严谨性、风险防范方面均对企业较为有利，法律风险较小。另一方面，使用企业自己提供的合同模板时，执行合同内部审批流程可以减少审批环节，提高审批效率。

企业合同模板的管理主要包括新增合同模板和合同模板定期更新两个流程。若企业设置了法务岗位，则由企业法务或者委托外部律师起草各类合同模板，经过相关业务部门负责人、财务部门负责人等审核通过后提交至企业总经理审批。每年年末，法务或者业务部门经办人员应该评估合同模板的适用性，当有重大法律法规更新或者客观条件出现重大变化时，企业应执行合同模板更新审核审批流程，其流程与合同模板的制定流程一致。

对于偶发性交易，在企业未准备合同模板的情况下，交易双方应协商合同起草责任的归属。但无论合同起草责任归属于何方，企业都应尽量避免由业务人员直接起草合同，合同起草的工作应该由法务或者外部的专业律师完成。

除了合同模板的管理之外，合同起草环节的另一项重要流程是确定合同使用的范围。如前文所述，并不是企业所有的交易事项都需要签订合同。在合同管理过程中，企业出于管理效率的考虑一般会约定在一定金额以下的交易不需要签订合同，例如有的企业规定低于 1 万元的采购不需要签订采购合同。关于合同使用的标准，各企业可以根据自身业务特点、风险承受度等因素制定。

8.1.3 合同的流转评审

大部分企业一般会在 OA 系统内或者采用纸质表单建立合同的流转评审流程。当合同起草完成后，合同经办人员应将合同提交至相关人员审核审批，并在审核通过后盖章。有的企业在设置审核节点时会犯一个审批流程设置的通病，即未明确审核人的审核内容。这个问题不仅仅是在合同审批流程中存在，在其他审批流程中也同样存在，如费用报销审批流程等。在合同审核审批流程中，合同经办人员提出合同评审申请后，通常会有以下几个审核节点。**第一个审批节点为经办部门负责人**，经办部门负责人主要负责对合同中的业务内容进行复核确认，包括合同内容、数量、价格、收款 / 付款条件、履行期限等。对于特别重大的合同，经过经办部门负责人审批通过后，还需要提交至部门分管领导进行审核。

经办部门负责人对业务内容审核通过后，**第二个审核节点一般是企业的法务**。对于未设置法务岗位的企业，建议企业将特别重要的合同提交至外部律师进行审核。法务人员审核的内容主要包括合同的违约条款、合同签订相对方的主体资格、合同中文本内容从法律的角度来看是否存在歧义等。若该合同使用的是企业自己的合同模板，并且对合同模板的内容没有进行修改，一般在合同审核环节可以省略法务人员审核环节。不同企业对法务人员对合同发表的法律意见的处理不同。有的业务部门比较强势，直接忽略法务人员的法律意见。有的法务部门比较强势，直接驳回业务部门的合同，不理会业务部门的难处。针对同一个条款来回审核好几轮，可能会造成业务部门和法务部门的对立情绪特别严重。对于法务人员提出的专业问题，我建议法务人员一定要写清楚可能涉及的风险，即如果发生什么样的情况企业将遭受什么样的损失。业务部门一定要对法务人员提出的专业意见进行回复，明确修改或者不修改的原因。最终业务事项由经办部门负责人或者企业负责人参考法务人员的意见，结合业务情况进行决策。

第三个审核节点一般是企业的财务人员，财务人员主要对合同的收款/付款条件进行审核，判断其是否符合企业的相关政策；对合同价格进行审核，判断合同中关于增值税和发票的规定是否合规。在进行相应审核流程时，法务人员和财务人员仅仅就自己职能领域内的专业内容发表意见，不会对合同中业务本身的风险发表意见。对于合同中业务本身的风险，企业应该在商务谈判时邀请财务人员或者法务人员参与予以规避。此外，一些企业在法务人员和财务人员的审核环节之后添加了部门负责人的审核环节，造成合同审批流程节点多达8个：包括发起人、发起人部门负责人、发起人部门分管领导、财务部经办人、财务部负责人、法务、法务部负责人和总经理。法务人员和财务人员审核属于专业职能审核，审核的效果取决于审核人的能力，如果对专业审核再设置一道复核流程，无异于否定第一人的审核工作。对一般合同的审核由法务人员发表意见即可，对重大合同的审核可以直接由法务部门负责人发表审核意见。

一般合同经过了业务部门、法务部门和财务部门的审核后便基本完成了流转审核环节，最终进入审批环节。最终审批权限的设置也是企业在合同的流转评审流程设计过程中所面临的一大难点。所有合同交由总经理审批会造成总经理工作量较大，审批效率较低，而审批权限下放却没有具体的执行标准。解决审批权限问题的关键在于合同分类，如果企业没有对合同进行分类，可以从最终风险承担者的角度出发，由企业的最高决策人执行所有合同的最终审批。但是合同分类之后，对于部分风险较低的合同，如常规的采购合同、销售合同、劳动合同、银行贷款合同等，企业可以将最终审批权限下放至分管领导。

8.1.4 合同的签订和归档

合同的流转评审流程结束后便进入合同签订环节，交易双方加盖公章后合同正式生效。合同盖章环节的主要关注点包括以下 3 点。第一，合同盖章人员应将实际盖章的合同的版本与合同的流转评审流程中确定的版本进行核对，防止出现人为错误或者故意更换合同文本的情况。最优的合同签订是由印章保管人员直接打印 OA 系统内审批通过后的附件并加盖印章。第二，根据《中华人民共和国民法典》的规定，如果合同没有约定，该合同仅加盖合同专用章或者公章就代表合同生效；若合同约定合同生效条件是盖章和签字后方可生效，则合同还需要由法定代表人签字或者由正式授权委托文件的人签字。此外，仅有合同专用章、公章和经企业授权的部门印章具备使合同生效的效力，其余各类部门印章均不具备使合同生效的效力。第三，在合同用印时，合同经办人仍要执行用印审批流程，造成了审批流程重复，影响企业流程的执行效率。合同审批流程完成后应将流程结果抄送至印章管理员备案，印章管理员可以根据合同审批流程结果在合同文本上盖章。

正式版本的合同通常由法务部门保管，法务部门应建立合同管理台账，并根据合同编号规则对合同进行编号。

8.1.5 合同的变更和履约跟踪

合同的变更和履约跟踪在实务中其实遇到的比较少，若涉及合同变更，相关人员直接依照新签合同的流程执行合同审批流程即可。对于合同的履约跟踪，由于业务部门是合同履约的第一责任人，这里的争议就在于法务部门是否需要参与合同的履约跟踪过程。目前，大部分企业的法务部门其实采用的是被动式的管理，只有当业务部门觉得业务的风险较大，需要主动诉讼或者被动应诉的时候，法务部门才会正式介入处理。介入时点过晚则可能造成诉讼准备不充分，最终导致企业在诉讼中败诉。因此，在实际管理过程中，法务部门应主动定期进行对于部分重大合同的履约跟踪。重大合同的界定标准由企业根据实际情况进行确定，一般可以按照交易金额或者合同的性质来界定。

8.2 印章管理

印章保管不当将给企业造成巨大的经济损失，印章管理的内部控制流程比较简单，包括印章的刻制、日常保管、日常使用和销毁。企业可能涉及的印章包括公章、法人章、财务专用章、合同专用章、发票专用章、部门印章、项目部章及各种其他特殊用途的印章。

8.2.1 印章的效力

目前，国家没有出台与企业印章管理相关的法律法规，对印章管理的各种规定散落于各种法律法规之中。《国务院关于国家行政机关和企业事业单位社会团体印章管理的规定》规定："国家行政机关和企业事业单位、社会团体的其他专用印章（包括经济合同章、财务专用章等），在名称、样式上应与单位正式印章有所区别，经本单位领导批准后可以刻制。"《印章治安管理办法》对公章进行了定义，其中提到："本办法所称公章是指国家权力、党政机关、司法、参政议事、军队、武警、民主党派、工会、共青团、妇联等机关、团体，企业事业单位，民政部门登记的民间组织，居（村）民委员会和各议事协调机构及非常设机构的法定名称章和冠以法定名称的合同、财务、税务、发票等业务专用章。"《票据管理实施办法》规定："商业汇票上的出票人的签章，为该单位的财务专用章或者公章加其法定代表人或者其授权的代理人的签名或者盖章。"还有部分法院判例对在部分经济事项单据上加盖财务专用章的效力普遍认定为其代表企业的意识表示，并且企业需要对盖章行为负责。

从法律法规和实务中印章的使用情况分析我们可以得出，印章的效力从强至弱的排序。公章是效力最强的印章，在任何文件上加盖公章都能代表企业的意识表示。效力第二强的是各类专用章，包括合同专用章、财务专用章和发票专用章等。此类专用章加盖在特定的文件上可以代表企业的意识表示，对外发挥效力。效力第三强的是法人章，单独使用法人章不能对外发挥任何效力，它往往需要与财务专用章结合使用，在一些票据或者银行凭证上能发挥相应效力。效力第四强的是经授权的各类印章。此类印章本身不具备任何对外的效力，但是在经过企业权力机构签发授权文件后，其可以在一定范围内使用并且代表企业的意思表示。最为常见的经授权的印章是在工程项目中使用的项目部章，项目部门印章在项目现场一般可以代表企业签发对外的相关文件，以避免需要频繁使用公章的情况。最后一类印章则是完全不具备任何对外效力的各种印章，以各种部门印章为代表，部门印章一般在企业内部文件上使用。因此，企业印章管理的对象是效力排在前四名的印章，不包括不具备对外效力的部门印章。

8.2.2 印章管理的主要流程

1. 印章的刻制流程

企业若存在印章刻制需求，应该由相关部门提出申请，经过部门负责人、部分分管领导、印章管理部门负责人、总经理审批通过后，由印章归口管理部门去公安部门指定的刻章机构进行印章刻制。印章刻制完成后，印章归口管理部门应该及时登记印章的印模、启用日期、保管人员和保管部门等关键信息，建立印章管理台账。保管部门在接受印章后应在印章管理台账上签名确认。

2. 印章的日常保管

企业应该在印章管理制度内明确各类印章的保管责任，各部门应该将印章放在保险箱内或者带锁的抽屉内，不能让其他不相干的人随意接触印章。

3. 印章的日常使用

无论企业的规模大小、管理水平如何，印章使用审批流程一定是所有管理流程中使用频率最高的流程之一。印章的日常使用由需求人提出用印申请，经过部门负责人、分管领导和总经理审批通过后，需求人到印章保管部门加盖印章。印章保管部门盖章后需要在用印登记簿上登记申请人、用印份数、用印时间和用印事由等关键信息并由需求人签字确认。

印章的日常使用虽然只涉及非常简单的审批流程，但是在实际操作过程中企业应重点关注以下 3 个问题。第一个问题是，用印申请的最终审批权限如何设定。当企业规模较小时，所有的用印申请均由总经理审批，不会占用总经理较多的时间。但当企业规模变大，用印频率提高时，总经理不可能一人承担全部的用印审批工作。因此，将用印事项进行分类，并设计分级审批流程成了解决问题的关键。印章代表了企业的意思表示，用印审批流程的实质是由企业的各级管理人员确认企业对外意思表示的真实性和准确性。因此，用印审批事项越复杂，风险越高，越需要由更高层级的管理层审批。建议企业全面梳理现有的用印事项，并根据用印事项的复杂程度、风险程度对其进行分类。例如，员工开具收入证明的事项，由于风险程度较低，完全可以由员工所在部门的分管领导进行审批。

　　第二个问题是，很多企业对公章和合同专用章的使用都建立了比较完善的审批流程和用印登记流程，但是对财务专用章没有类似的规定。财务专用章一般由财务经理保管，主要是在财务部门内部使用，包括给票据盖章或者给银行需要提供的各种文件盖章。因此，企业对财务专用章的使用就没有参照公章或者合同专用章设置严格的审批流程和用印登记流程。那这样做的风险到底大不大？通过对法院判例的相应研究可以了解到，财务专用章的使用风险不大，企业可以不参照公章的管理要求执行财务专用章的管理。因为在一般情况下，法院认为财务专用章有其专有功能，不具备订立合同的效力。《最高人民法院专家法官阐释民商裁判疑难问题合同裁判指导卷》有如下解答："签订合同应当使用公章、合同专用章，有特定用途的印章只能在特定业务上加盖，不能用于签订合同，如财务专用章、物流专用章等。"

　　第三个问题是，很多大型企业都要求印章外借除了履行相应的审批程序之外，还要由印章保管人员陪同外出。很多中小企业在设计相应的流程的时候会产生疑问，如果每次印章外借都需要有人陪同，这会不会太浪费企业的资源了？但是无人陪同又不放心外借印章者对印章的使用。印章管理内部控制流程设计得再完善，始终无法规避信任问题，因为印章始终是由印章保管人员保管的。除了由企业法定代表人直接保管外，其他任何人对印章的保管均出于企业对此人的信任。从风险的角度来看，印章保管人员始终都有可能私自加盖印章，损害企业的利益。所以针对印章外借的问题，如果出于成本的考虑无法派人陪同，建议企业明确各部门可携带印章外出人员的名单，并规定只有名单上的人员可以携带印章外出。

4. 印章销毁

印章的销毁一般在企业中不太会涉及，只有在印章使用的时间过长或者企业名称改变等情况下，企业才会进行印章的变更和销毁。印章的销毁应由印章保管人员将印章交还给印章归口管理部门，由印章归口管理部门集中保管半年至一年，以防止旧印章还需使用。待保管期限届满，印章归口管理部门提出销毁申请，经过部门负责人、分管领导和总经理审批通过后集中进行销毁。销毁印章时，必须有两人共同参与。

目前，随着技术的发展，电子印章在企业内的使用也日益增多。任何文件在企业内部的 OA 系统中审批完成后，可直接通过电子印章平台进行盖章。电子印章的广泛使用降低了实物印章的使用频率，进一步降低了印章管理的风险。

8.3 授权管理

授权是企业赖以良好运行的基础，所有权和经营权的分离就是基于授权理论。对于一个管理成熟的企业而言，权限分配的层级一般包括 7 层甚至更多，权限由高至低可将企业分为股东会、董事会、董事长、总经理办公会、总经理、副总经理、部门经理等层级。如果企业员工人数较多，部门架构层次较多，还包括集团和下属各事业部或者子公司的权限分配，这样往往会因为管理层级较多造成企业管理效率低下、流程执行较慢。由于各行各业的业务流程和固有风险不同，本章将不会涉及具体的业务审批流程的设置，而会介绍一些权限分配的通用原则和方法，以帮助各个企业运用这些方法和原则进行内部的权限分配，切实减少某些不必要的审核审批节点，提高企业的运营效率。

授权管理的核心要求之一是在设计审核审批权限时，明确各个节点的审核审批内容。 曾经有一家企业需要支付 20 万元的预付款，但实际支付了 200 万元。事后调查发现，付款发起人在填写付款申请时由于疏忽，误将 20 万元的预付款填写为了 200 万元，部门负责人在审核时也未尽到应有的审慎审核义务，通过了该申请。付款流程中后续的分管领导、财务会计、财务经理和总经理在审核时均未发现问题。此种现象在很多企业中非常普遍，通常一个流程的审核审批节点多达 6~9 个，先审批的人可能会认为后审批的人会仔细审核，自己稍微看一下就行；后审批的人认为前面这么多人都签字了，他们应该都仔细看过了，也随意地通过了审核。因此，在设计审核审批节点时，企业一定要明确各个节点中相关人员的审批责任。

一个事项一般由发起人发起申请，经过部门负责人审核，部门负责人审核的内容主要包括发起的事项的真实性、准确性，对发起的事项内容本身发表意见。若该事项需要专业部门审核，则在经过部门负责人审核通过之后提交给与法务、财务或者人力资源相关专业人员进行审核，审核的内容仅包括该事项专业部分的内容。例如，财务人员通常对税率、付款条件等进行审核。专业部门的审核一定要尽量避免经过法务人员或者财务人员审核通过之后，再由其部门负责人进行复核。**因为部门条线审核本身已经属于复核，对复核再进行复核会造成效率低下。**

授权管理的核心要求之二就是确定最终的审批权限。 国内很多中小企业偏向于集权式管理，企业的任何事项均需要提交至企业的实际控制人审批。这样做一方面，导致企业的实际控制人疲于审批日常事务，无法将主要精力放在正确制定企业战略上。另一方面，过于集权也会造成下属没有任何主观能动性，对企业的实际控制人过于依赖。有的企业的实际控制人甚至全年无休，因此，适当分权是管理企业的最优方式之一。分权的标准主要取决于企业在各个流程上的管理成熟度、执行成熟度和内部审计的完善程度。

企业流程的管理成熟度越高、执行成熟度越高，所有流程参与者就越了解自己在流程中承担的责任。加之内部审计机制较为完善，企业可以通过定期的事后监督及时发现相应的风险，因此，企业的实际控制人可以适当放权。例如，企业财务管理中审批节点较多的费用报销流程，当企业的费用报销流程同时满足以下条件时，企业的实际控制人甚至可以不参与任何的费用报销审批流程。

（1）各部门已经制定了明确的费用预算，且费用预算相对刚性，未列入预算项目的支出不得发生。

（2）企业制定了明确的费用报销标准，包括差旅费、交通费、业务招待费等的报销标准。

（3）内部审计部门定期对各部门的费用报销情况进行统计分析，评价费用报销的有效性。

授权管理的核心要求之三在于通过信息技术的运用，缩短流程执行时间，提高流程执行效率。采用手工审批方式的企业可以考虑运用 OA 系统提高流程执行效率。串行流程较多的企业可以考虑将部分审批节点变更为并行审批，减少流程的流转节点。数据积累较为完善的企业可以通过数据挖掘、数据分析等方法提炼出各种风险控制原则，将原有人工审核变更为系统自动审核，进一步提高流程执行效率。

8.4 研发管理

持续性的研发投入是保证企业核心竞争力的重要手段之一。华为每年投入近千亿元用于各项技术研发。大型企业的研发费用一般占销售收入的比例超过10%。虽然企业每年投入大量资金用于研发投入，但是每年的资源投入还是有限，这就要求企业建立完善的研发管理内部控制流程，以保证研发项目符合企业战略目标。研发存在风险，并不是所有研发项目均能够达到预期目标。研发管理内部控制体系建设无法提高研发项目的成功率。

目前，中小企业普遍缺乏自主创新能力，每年的研发投入较少。虽然很多中小企业都拥有高新技术企业资质、享受高新技术企业的税收优惠政策，但是有一部分中小企业在进行高新技术企业资质认定时会夸大研发费用的比例。基于中小企业研发管理的现状，本章将从合规的角度对研发管理内部控制体系进行介绍。

研发的基本业务流程主要涉及研发立项、研发过程管理、结题验收、研究成果的开发和保护等。其中，研发过程管理对中小企业尤其重要，涉及研发领料、研发费用归集等，本节将进行重点讲解。

1.研发立项

根据《企业内部控制应用指引第 10 号——研究与开发》解读，研发立项环节的风险主要是研发计划与国家（或企业）科技发展战略不匹配，研发承办单位或专题负责人不具有相应资质，研发项目未经科学论证或论证不充分，评审或审批环节把关不严，可能导致创新不足或资源浪费。研发立项流程的关键控制点在于由研发部门提出立项申请，编制可行性分析报告，经过企业领导或者相关专家论证审批通过后正式予以立项。但是一些中小企业不重视研发立项，会省略研发项目的专业性论证工作，最终可能导致研发项目与公司战略目标不匹配。项目立项中的项目组成员确认、项目计划、项目预算等内容需要编制得较为详细，因为这些内容是企业后续研发费用认定的重要依据之一。

2. 研发过程管理

根据《企业内部控制应用指引第 10 号——研究与开发》解读，研发过程管理环节的风险主要是研发人员配备不合理，导致研发成本过高、舞弊或研发失败；研发过程管理不善，导致费用失控或科技收入形成账外资产，影响研发效率，增加研发成本甚至造成资产流失；多个项目同时进行时，相互争夺资源，出现资源的短期局部缺乏，可能导致研发效率下降；研究过程中未能及时发现错误，导致修正成本过高；科研合同管理不善，导致权属不清，知识产权存在争议。研发过程管理的关键控制点在于保证研发项目过程可控，但是中小企业的研发过程管理的重点不在于研发项目本身，而在于准确、及时地记录研发费用。本部分将重点对与研发费用归集相关的内部控制流程进行介绍。

企业核算研发费用的首要依据是会计准则对研发费用的规定，其次由于部分企业符合高新技术企业的认定条件或者享受所得税关于研发费用加计扣除的优惠政策，其对于研发费用的记录有着不同的规定。**会计准则、高新技术企业认定和所得税法加计扣除三者对研发费用的归集范围是不同的，企业应在账务处理过程中对三者的差异进行明确区分。**虽然三者对研发费用归集范围存在差异，但是对与研发费用归集相关的内部控制流程要求是一致的。研发费用一般可以分为人工费用、材料燃料和动力费用、工装和检验费、固定资产折旧、设计费、无形资产摊销和其他费用等。根据归集方式不同，研发费用可以划分为人工费用、材料燃料和动力费用、折旧与摊销和一般费用四大类。

人工成本一般在研发项目的总成本中占比较大，研发部门应每月统计各项目研发人员工时提交至人力资源部门，人力资源部门根据工时统计进行人工成本分配，并将分配结果提交至财务部门复核，财务部门复核无误后进行账务处理。若一位研发人员仅参与一个研发项目，则将该员工的考勤记录作为工时记录即可。若该研发人员当月同时参与多个研发项目，企业则要对该研发人员工时进行记录，并计算多个项目的分配率来分配人工成本制作人工成本分配表，人工成本分配表需经过审核审批流程。参与项目人工成本分配的研发人员一定要与项目立项时保持一致，若研发人员存在变更，应及时执行研发人员调整流程。

与材料燃料和动力费用相关的内部控制流程较为简单。研发项目组成员填写研发领料单，注明材料名称、数量和项目编号等信息，经过研发项目负责人审核后提交至仓库领料，仓库应在的 OA 系统内的出库单内标注项目编号。有的企业为了提高研发管理效率设置了研发部门二级仓库，便于研发人员领取研发材料。二级仓库的设置提高了流程效率，但是在执行过程中需要注意从一级仓库至二级仓库执行的是存货调拨流程，而不能执行存货出库流程，否则将导致研发费用归集不准确。

折旧与摊销是所有研发费用中最难归集和分摊的成本，研发部门应编制折旧与摊销分配表在各个研发项中间进行摊销，折旧与摊销分配表通过审核审批之后提交至财务部门进行账务处理。折旧与摊销的分配一般以各研发项目使用资产的工时作为分配依据。但是在企业实际管理过程中，若每进行一次实验都需要记录资产使用时长无疑在无形中增加了研发人员的工作量，这是人为地增加了工作量。建议企业在实际执行过程中，企业对折旧与摊销的分配进行简化处理，根据实际经验编制折旧与摊销分配表并提交至相关领导审核审批，审核审批后由财务部门进行账务处理即可。

一般费用的内部控制流程较为简单，仅需在费用报销或者银行付款审批单上注明研发项目编号并执行审核审批流程即可，财务部门根据研发项目编号进行账务处理。

财务部门应定期对项目研发费用与立项时的预算进行比较。

3. 结题验收

在无形资产管理部分提到过，自行开发的无形资产通过结项申请即可确认为无形资产。若研发项目满足结题验收条件，由项目负责人提出结题验收申请，经过企业相关领导审核审批之后正式结项。结题验收之后，研发项目组应将研发资料整理归档并移交至企业档案室保管。

第 9 章 | 内部控制体系成果的编制方法

《企业内部控制基本规范》第十四条规定"企业应当通过编制内部管理手册，使全体员工掌握内部机构设置、岗位职责、业务流程等情况，明确权责分配，正确行使职权。"2017 年发布的《小企业内部控制规范（试行）》第二十三条规定："小企业在采取内部控制措施时，应当对实施控制的责任人、频率、方式、文档记录等内容做出明确规定。有条件的小企业可以采用内部控制手册等书面形式来明确内部控制措施。"《小企业内部控制规范（试行）》的发布晚于《企业内部控制基本规范》，而且其中法规对小企业的内部控制要求明显低于大型企业。从立法者的意图推断，既然有条件的小企业可以建立内部控制手册，那么大企业是否应该比小企业更进一步，建立内控手册呢？根据《企业内部控制基本规范》的规定，内部管理手册等同于内部控制手册。2017 年，随着内部控制在企业中逐步成熟，立法者也对内部控制在企业中的展现形式进行了明确规定，企业编制内部控制手册有了法律依据。

仅有内部控制手册无法保证内部控制体系的有效运行，内部控制体系成果还包括了流程图和权限指引表，以辅助内部控制手册的使用。本章将重点介绍内部控制手册的编制方法、流程图的绘制方法和权限指引表的编制方法。

9.1 内部控制手册的概念

虽然监管机构在法规中明确了企业编制内部控制手册的要求，但并未明确内部控制手册的定义。从企业的操作角度出发，在内部控制手册的定义未得到明确的前提下，企业只能依据自己对内部控制的理解编制内部控制手册。内部控制手册编制完成后是否达到监管机构的要求，也没有评判标准。为了更好地提高企业内部控制体系的管理水平，建议监管机构尽快出台相关法规对内部控制手册的定义和内容进行规范。目前，企业仅能从有限的资料中推断内部控制手册的定义和关键内容。

从法规的角度进行分析，《企业内部控制基本规范》提到建立内部管理手册的目标是使全体员工掌握内部机构设置、岗位职责、业务流程等情况，明确权责分配，正确行使职权。《小企业内部控制规范（试行）》提到建立内部控制手册的目标是明确控制措施实施责任人、频率、方式、文档记录等。结合两项法规中有关内部控制手册的规定，内部控制手册的定义可以整理为：内部控制手册是记录了企业内部机构设置、岗位职责、控制措施实施责任人、控制措施、控制方式和相应文档记录，旨在使企业内部员工明确企业内部控制要求的书面文件。

目前也未有相关文献或者资料表明内部控制手册的起源。根据部分资料，2002 年，美国颁布的《萨班斯法案》要求所有上市企业都需要对内部控制运行的有效性进行评价，注册会计师也需要对内部控制的运行有效性发表审计意见。由于当时内部控制的概念还仅仅停留在 COSO 提出的理论的层面，如何在企业管理过程中发挥内部控制的作用鲜为人知。由于《萨班斯法案》要求企业保证与财务报告相关的内部控制的有效性，外部审计师对与财务报告相关的内部控制发表意见，于是很多企业管理者赞同审计师所了解的内部控制的概念和各项管理要求。审计师运用风险导向型审计方法时关注企业的内部控制，此时的内部控制仅停留在审计师的审计底稿。在当时的环境中，审计师出于盈利的目的将标准内部控制底稿中的各项内容进行了初步的修改并形成了风险控制矩阵出售给客户。久而久之，那些建立了内部控制手册的企业成了其他企业学习的榜样，其他企业也开始编制内部控制手册，最终内部控制手册成了企业建立内部控制的标志之一。

内部控制手册记录的内容会在企业其他文件内予以了记录，例如机构设置、岗位职责等记录于企业的部门和岗位职责说明书中，控制措施、控制方式等记录于各项管理制度中。内部控制手册看似仅将各项管理文件中的部分内容摘录后汇编成册，实际上造成了企业资源的浪费并且维护难度较大。企业编制内部控制手册的必要性取决于 3 个问题，分别是内部控制手册编制的目的、内部控制手册编制包含的内容和内部控制手册的使用范围。

对于编制内部控制手册的目的，相关法规已说明得非常清楚，即通过书面形式的记录使内部控制手册的潜在使用者了解企业的内部控制。要想全面了解内部控制就必须详细了解内部控制五要素，即内部环境、风险评估、控制活动、信息与沟通和内部监督。但是其中的某些要素是没有办法通过书面形式予以记录的，例如内部环境、信息与沟通。此外，根据法规要求，内部控制手册中的一些内容在管理成熟度较高的企业均应有对应的文件，重复记录的必要性有待商榷。

内部控制的有效运行与公司编制内控手册之间属于非充分非必要条件。内部控制的有效运行并不依赖于内部控制手册的编制，内部控制可以通过制度、表单、信息系统，甚至是默认的操作习惯或者管理方式予以规范。此外，建立了内部控制手册也并不代表内部控制能有效运行。

对于内部控制手册的潜在使用者，法规仅提及了员工是内部控制手册的潜在使用者。但是员工作为企业内部人员，可以通过阅读其他文件来了解企业的各项管理要求，而不是只能阅读内部控制手册。因此员工阅读内部控制手册的必要性较低，除了员工外，内部控制手册的潜在使用者可能就只有外部审计师了。

对于内部控制手册的内容，法规明确了内部控制手册的部分组成要素，包括组织架构、部门职责、控制措施描述、控制措施执行人、频率和相关文档记录等。目前，各个外部咨询机构或者企业都根据自己的理解编制了各式各样的内部控制手册，有的企业甚至将制度汇编称为内部控制手册。

如果将企业所有的管理事项比作一个圆形，制度所能规范的管理事项一般占据了圆形的50%以上，而内部控制手册中包含的管理事项占据了制度所占面积中的一半50%以上。内部控制手册是将管理制度或其他文件中的部分关键点提炼汇总而形成的。因此，没有内部控制手册的企业并不意味着企业没有建立内部控制体系。在极端情况下，一个没有任何制度的企业也是建立了内部控制体系的，但是在这种情况下，由于缺乏制度的约束，员工或者外部人员无法显性了解企业的管理流程，可能会弱化内部控制的作用。所以，如果企业不打算上市，建立内部控制体系只需要将内部控制体系的要求融入企业管理制度，没有必要另行编制内部控制手册。但是对于拟上市或已上市的企业，出于监管法规的要求，企业还是需要付出一定的人力和财力编制内部控制手册，并定期更新维护内部控制手册的内容。

9.2 内部控制手册的编制方法

内部控制手册一般由总则和各流程分册组成。总则对内部控制手册的编制目的、相关术语和概念、编制原则、适用范围和维护更新程序等进行了规定。总则主要是对内部控制手册的一些原则性描述，本节不进行讲述。分册依据企业的流程执行顺序划分，每个流程均是一个单独的分册，流程划分的方法请参考对应章节的内容。分册一般包括概述、定义、适用范围、流程目标、不相容职责分离表、风险矩阵、流程图、涉及的制度目录和表单目录。其中概述、定义、适用范围、流程图、涉及的制度目录和表单目录等要素均与管理制度内对应要素相类似，企业在编制分册时参照管理制度的编制即可。本节将重点对内部控制手册中的目标、风险、控制措施和其他关键要素进行介绍。控制矩阵示例如图 9-1 所示。

对应风险事件编号	风险事件描述	对应目标编号	控制措施编号	控制措施描述	控制措施责任部门	控制频率	手工/自动	预防性/检查性	影响报表科目	服务报告认定						对应制度	涉及文档
										存在/发生	完整性	准确性	权利和义务	计价和分摊	列报和披露		
1.1-R	股东大会未能按照相关办法展开相关工作，运作程序不合理，可能导致公司治理不健全，遭受外部处罚和信誉损失	CO01-01	CA1.1-01	公司股东应当按照相关法律法规有效充分履行其公司治理权力，股东大会的召开与表决程序应当合法有效。股东大会分为年度股东大会和临时股东大会，年度股东大会每年召开 1 次，应当于上一会计年度结束后的 6 个月内举行。在出现特殊事件时，公司在事实发生之日起 2 个月以内召开临时股东大会	股东大会	发生时	手工	预防性	N/A							公司章程，股东大会议事规则	股东大会通知，股东大会会议记录

图 9-1 控制矩阵示例

1. 目标的确定

《企业内部控制基本规范》将内部控制定义为"实现目标的过程"，内部控制的目标是合理保证企业经营管理合法合规、资产安全、财务报告及相关信息真实完整，提高经营效率和提升经营效果，促进企业实现发展战略。针对每一项管理流程，企业需要明确各流程的内部控制，旨在实现目标，识别可能影响目标实现的各项风险并以此建立控制措施。

2. 风险的识别

当各流程目标确定后，企业应识别影响目标达成的各项风险，并且对风险进行评估之后确定风险应对措施。虽然风险评估理论比较成熟，但是在实际运用过程中还是存在许多难点待解决。在内部控制手册编制过程中，风险的识别主要运用了以下几种方法。

（1）**风险事件库法**。大部分从事内部控制咨询的外部咨询公司均针对每一个流程制定了标准风险事件库，这些风险事件通过大量的咨询实践积累而成。在实施过程中，外部咨询公司根据企业的经营特点在风险事件库中挑选适用于目标企业的风险事件开展风险识别的过程。

（2）**传统的风险识别方法**。根据风险识别的相关理论，传统的风险识别方法包括头脑风暴法、德尔菲法和情景分析法等。头脑风暴法是指由内部控制体系建设部门组织各部门骨干以会议的形式轮流提出所识别出的风险，并由相关人员进行记录、汇总。德尔菲法是指由内部控制建设部门选定各领域专家，采用匿名征询的方式搜集专家意见并向专家反馈收集结果，直到所有专家的意见趋于一致，便能较准确地识别出风险。情景分析法是指设想企业经营可能遇到的不同情形，通过系统性的分析来识别可能面临的风险。相较于风险事件库法，传统的风险识别方法需要经历从0到1的过程，识别风险的难度较高，但是所识别的风险更适合于企业的实际情况。

（3）**控制措施倒推法**。很多企业的内部控制体系建设实质上是最佳实践的运用过程，最佳实践在形成的过程中已经规避了可能发生的大部分风险。因此，企业在运用最佳实践的过程中，通过控制措施进行倒推，思考最佳实践形成的原因，以识别该流程可能包含的风险。

3. 控制措施的编制

风险识别后应该制定风险策略，但是内部控制手册中更多地体现的是降低风险的策略。根据《企业内部控制基本规范》，风险策略包括风险规避、风险降低、风险分担和风险承受。风险规避是指企业放弃或者停止与风险相关的业务活动。内部控制手册是针对企业已经开展的业务所编制的，因此风险规避无法在内部控制手册中予以体现。风险分担指的是企业借助他人的力量，采取业务外包、购买保险等方式，通过将一部分风险转移至外部，以将风险控制在企业风险承受范围之内。内部控制手册一般会涉及风险分担方式，但是其在内部控制手册中的整体占比较低。风险承受是指企业不准备采取任何控制措施以降低风险或者减轻风险可能造成的损失，当然也无法在内部控制手册中予以体现。所以，内部控制手册中的控制措施主要指的是风险降低的策略。风险降低指的是企业在权衡成本与效益之后，准备采取适当的控制措施降低风险或者减轻损失，将风险控制在企业的风险承受范围之内。

控制措施的描述来源于企业管理制度，控制措施不可能脱离企业管理制度而单独存在。根据企业管理制度编制方法的描述，企业管理制度内的条款有的属于管理要求，有的属于流程描述，控制措施应该大部分属于企业管理制度内的流程描述部分。

根据《企业内部控制基本规范》的规定，控制活动主要有七大类，包括不相容职务分离控制、授权审批控制、会计系统控制、财产保护控制、预算控制、运营分析控制和绩效考评控制等。

不相容职务分离控制要求企业在日常管理中充分识别不相容的职务并且分别安排两人来执行，形成相互制约的工作机制。较为熟悉的不相容职责源于《会计基础工作规范》，其中规定了出纳不得兼管稽核、会计档案保管和收入、费用、债权债务账目的登记工作，"管账不管钱、管钱不管账"的俗语也源于此。另外，不相容职责源于对流程的分析，流程一般可以分为申请、审批、执行和记录4个环节，流程的申请和审批、执行和记录不能由一个人完成，例如销售信用管理的申请与审批、销售授信的执行和记录不能由一个人完成。但是，随着信息技术的发展，部分不相容职责已经不再适用，企业在设定不相容职责时应该重新评估。此外，这7种控制活动的综合使用可以降低某一种控制活动的要求。例如，有的企业可能出于人工成本的考虑无法做到不相容职责相分离，则可以选择执行财务保护控制或者运营分析控制等来加强事后监督，同样能达到降低风险的目标。

授权审批控制是企业在管理过程中使用得最多的控制措施之一，但也是使用效果较差的控制措施。很多企业在流程设计过程中通常有5个以上的审核审批节点，审核审批节点过多会导致审核审批责任不明确，最终造成审核审批效果无法达到预期目标。在授权审批控制设计过程中，企业应明确各审核审批人的具体职责，具体设计方法详见授权管理一节。

会计系统控制是与财务报告相关的内部控制活动，例如会计应在系统内录入采购发票信息，并与采购订单、入库单核对，核对一致的进行应支付账款的记录。每一项报表科目均对应了会计系统控制，并且会计系统控制不适用于"目标—风险—控制"措施的固定模式，一般参照注册会计师的要求建立。

财产保护控制主要是针对企业有形资产的控制措施，资产盘点是常用的资产保护控制措施之一。在中小企业内部控制体系建设过程中，财产保护控制是企业及时发现风险事件、降低风险的有效手段之一。加强事后的分析和监督可以降低事前控制的频率和要求，降低管理成本。

相较于前4种控制活动，预算控制、经营分析控制和绩效考评控制对企业的管理基础要求更高。预算控制要求企业实行全面预算管理，规范预算的制定、执行程序。经营分析控制要求企业综合运用销售、采购、生产、财务等信息，通过因素分析、对比分析、趋势分析等方法，发现存在的问题并加以改进。对比实际发生数与预算数是运营分析控制的重要方法之一。企业通过设置科学的绩效考核体系，对企业内部各责任单位和全体员工的业绩进行定期考核和客观评价，将考评结果作为员工薪酬及职务晋升、降级、调岗等的依据。绩效考评控制最终实现了企业的管理闭环，保证了内部控制的运行有效性。

中小企业应当选择前 4 类控制活动作为企业的主要控制活动，当企业的业务规模和管理基础有了较大的提升后，再选择后 3 类控制活动作为主要的控制活动，这样做可以防范风险的同时提高管理效率。

4. 其他关键要素

内部控制手册除了包括目标、风险和控制措施外，还包括控制频率、控制方式和控制类型等关键因素。编制内部控制手册时，针对每一项控制活动，企业均应确定该控制活动的发生频率。发生频率主要用于内部控制评价时确定抽样数量。编制内部控制手册时，企业可以参考以前年度的发生频率进行抽样数量的预估。控制方式分为人工控制和系统控制。若一个控制点的执行完全取决于系统的判断结果，则该控制点属于系统控制，反之则属于人工控制。例如费用报销流程，申请人提出报销申请，经财务部门出纳审核后予以报销，这一控制措施属于典型的人工控制。出纳对报销发票的真实性和是否在预算范围内进行判断，流程执行的结果取决于出纳的判断结果，这就是人工控制。相反，若企业采用自动化费用报销系统，申请人提出申请后需扫描发票上传至报销系统，报销系统通过连接国家税务系统查询发票真实性并连接预算管理系统对其是否符合预算要求进行判断，判断一致后予以报销。此时的费用报销流程就完全转变为了系统控制。根据《企业内部控制基本规范》的要求，企业应当运用信息技术加强内部控制，建立与经营相适应的信息系统，促进内部控制流程和信息系统的有机结合，实现对业务和事项的自动控制，减少人为操作因素。当今，信息技术的发展已经使一些传统的内部控制方式逐步消失，当内部控制实现 90% 的系统控制时，内部控制岗位也将逐步减少。控制分为预防性控制和发现性控制，有的内部控制理论也称之为预防性控制和检查性控制。预防性控制和发现性控制在实务中较容易区分，若一项关键控制活动在事前发生，则属于预防性控制；若一项关键控制活动在事后发生，则属于发现性控制。例如财务部门需定期进行资产盘点、编制银行余额调节表等均属于常见的发现性控制。

内部控制手册通常还会包括对财务报告的认定，此要素在内控手册中要说明该控制措施是属于财务报告相关的，还是非财务报告相关。财务报告相关的内部控制的编制专业程度较高，涉及审计过程中关于报表科目的认定。建议企业在内部控制手册编制过程中咨询专业审计师或者拥有相关知识背景的专业人士。

9.3 流程图的绘制方法

流程图是由文字、图形和箭头共同组成的图形化表达。相较于管理制度和内部控制手册，流程图中蕴含的文字更少，更容易使阅读者快速了解、掌握企业内部的各项管理流程。但是流程图也存在一些缺陷，由于流程图动作框内能记录的文字较少，每一个动作详细的操作细则和管理要求无法通过流程图予以体现。流程图需结合企业管理制度使用。

目前，流程图绘制工具较多，包括线下工具和线上工具，但是流程图所需绘制的要素大同小异，用户可根据自己的使用习惯和预算选择合适的流程图绘制工具。

由于流程图具有直观、便捷和易于阅读的优点，大部分企业在日常管理过程中已开始大量使用流程图这一表达。企业中使用的流程图主要包括 3 种形式，分别是过程流程图、工作流程图和职能流程图。

过程流程图示例如图 9-2 所示，过程流程图是最简单的一种流程图表达形式，主要适用于表达流程在同一岗位或者同一部门中的流转，适用于三级或者四级子流程。

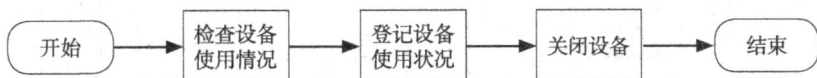

图 9-2　过程流程图示例

工作流程图多见于 OA 系统后台，工作流程图示例如图 9-3 所示。与过程流程图相比，工作流程图更完整、直观地展现了流程的执行步骤和顺序，并且对于复杂流程，工作流程图可通过设计判断条件的方式展示流程中存在的各类分支结构。

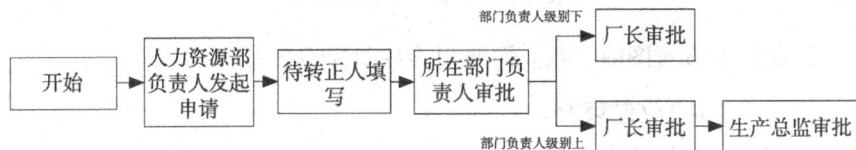

图 9-3　工作流程图示例

职能流程图适用于跨部门协作流程，通过引入"泳道"，详细地描述了流程在不同部门、不同岗位或者员工之间的流转。职能流程图示例如图 9-4 所示。职能流程图是最直观、完整的流程图表达形式。一般内部控制手册中都使用的是该类流程图。后续将详细介绍职能流程图的绘制方法。

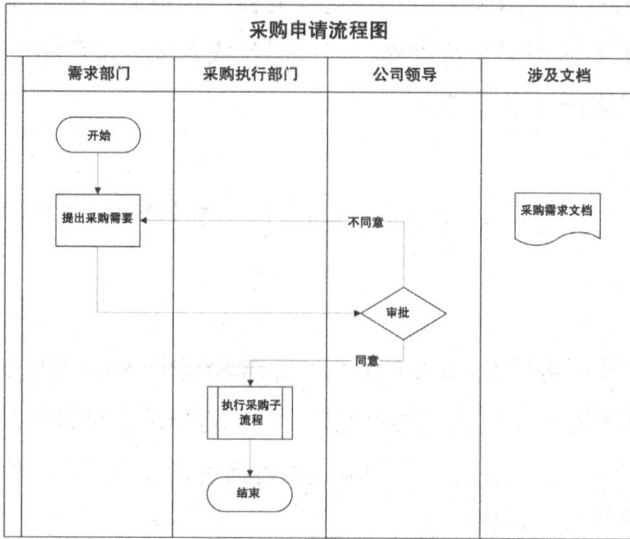

图 9-4　职能流程图示例

绘制职能流程图前，我们需要明确各图标的含义。

⬭：开始 / 结束符。

▭：动作框 。

◇：判断框。

▯：子流程框。

◰：文档框。

绘制职能流程图的注意事项如下。

（1）职能流程图仅有一个开始节点和一个结束节点，不可能存在多个开始和结束节点，多个开始和结束节点代表该流程图存在判断分支，应该绘制多个职能流程图。

（2）职能流程图的连接线不可交叉、重合。

（3）判断框需要形式闭环管理，审批需包括同意和不同意两种情况，如图 9-4 所示。

（4）动作框内的文字描述应尽可能简洁，通常使用"动作＋动作对象"的描述形式，例如编制生产计划、提出采购申请或者执行询比价等。

（5）若流程中涉及子流程，则使用子流程框进行描述，无须在主流程中体现。

（6）企业应在制度中明确职能流程图标题格式、编号格式和字体字号等的标准。

9.4 权限指引表的编制方法

权限指引表是内部控制体系成果中的另一项重要成果。为了全面、直观地了解内部控制体系内关键业务事项的审核、审批内容，企业可以将内部控制体系的关键业务事项编制成权限指引表，一方面清晰反馈关键业务事项，另一方面明确展示针对这些关键业务事项的审核审批岗位、授权标准和所对应的管理制度内容，便于企业各级员工在执行内部控制管理制度的过程中，更清楚自己的工作职能。简而言之，权限指引表就是将企业制度内所涉及的审批事项进行提炼并汇总编制而成的。

权限指引表不仅能够体现一项管理流程在企业内部的审核审批顺序和权限分配情况，还能够体现企业内部的管控要求和管控权限。权限指引表一般包括二级流程、关键事项、划分标准、责任部门、对应表单、流转方式、发起部门、审核人、审批人和备案部门等要素。

（1）二级流程和关键事项：参照内部控制体系建设流程划分标准制定。

（2）划分标准：企业可能由于金额或者对象等设置了不同的审批权限，如费用报销、付款申请或者请假申请等的审批权限，需要在划分标准栏中进一步进行明确。

（3）责任部门：该流程的归口管理部门。

（4）对应表单：该流程对应表单的名称。

（5）流转方式：该流程流转的方式，包括线下流转和线上流转；线上流转需注明流转系统名称，如 OA 系统、ERP 系统或者 WMS 系统等。

（6）发起部门、审核人、审批人和备案部门：此部分是权限指引表的主体部分，涵盖了事项的流转顺序和审批权限；目前，常使用的权限指引表形式如图 9-5 和图 9-6 所示；图 9-5 中展示二级流程、发起部门、审核人、审批人和备案部门等要素，编制权限指引表时，在对应的单元格中输入岗位名称，例如在审核人中输入①法务②应收会计③财务总监，岗位前的序号代表了审批的顺序；当有两个序号一致时，代表该节点由两人并行审批；图 9-6 所示的权限指引表将企业所有部门在表头进行了列示，事项流转部分在对应部门单元格下用数字①②③④进行标记，其中①代表发起部门，②之后的数字代表审核部门，△代表审批部门，○代表备案部门。

二级流程	关键事项	划分标准	主办部门	输出成果	流转方式	提案 / 申请 负责工作的发起，相关文件、公文的草拟，及工作的跟进完成	审核 / 会签 需在审批流程中签字，负责对审批事项内容的审查、核定及提出意见	审批 / 审议 审查批示，具有对事项的否决权一般指审批事由的最高管理单位，负责对审批事由具体内容的审查、批示	备注

图 9-5　权限指引表样式 1

二级流程	关键事项	划分标准	主办部门	输出成果	流转方式	**公司**					备注
						销售部	采购部	财务部	······	副总经理	总经理	

图 9-6　权限指引表样式 2

两类权限指引表的表现形式各有优劣，企业可以根据自身实际情况选择合适的表现形式。图 9-5 所示的权限指引表适合组织架构复杂并且岗位固定的企业，而图 9-6 所示的权限指引表适合组织架构简单并且岗位尚未明确固定的企业。

在内部控制体系的所有成果中，权限指引表的编制难度要高于内部控制手册和流程图，仅次于管理制度的编制，因此在权限指引表的编制过程中，企业需要注意以下内容。

（1）企业授权体系一般分为股东（大）会权限、董事会权限和经营层权限。股东会和董事会权限由公司章程约定并且受到《中华人民共和国公司法》的制约，因此一般不体现在权限指引表中。权限指引表中更多的是体现经营层的权限分配，包含董事长、总经理办公会、总经理、分管领导和部门负责人之间的权限分配。

（2）在编制权限指引表的过程中，企业需要明确审核审批节点和流程流转节点的区别。例如，在离职管理流程中，离职申请审批完成后还要涉及业务交接、财务审核和行政审核等，后续流程仅体现了离职交接过程，不应在权限指引表中予以体现。同样，在部分流程设计过程中，有些节点的职能属于汇总而不履行审核职能，此类节点也不应在权限指引表中予以体现。

（3）在编制权限指引表的过程中，企业应该根据事项的重要程度限定发起人的岗位，例如人员招聘需求一般应由部门负责人发起而不应由其下属招聘专员发起。若部分流程由招聘专员发起，则权限指引表默认部门负责人已经审核完成，对应的责任由部门负责人承担。

（4）在编制权限指引表的过程中，部分事项可能在事前由相关部门通过开会讨论或者其他非正式沟通的方式达成了一致，后续审批流程仅起到该事项的书面确认的作用。针对此类事项编制权限指引表时，建议仅由主责部门提出申请，经过主责部门领导审核、企业领导审批后便可执行，其他相关部门不用参与审批流程。

第 10 章 | **企业制度的编制方法**

　　管理制度是企业实现从"人治"到"法治"转变的重要工具，如前文所述，管理制度规范的内容范围远大于内部控制的内容范围，管理制度的重要性不言而喻。同时，在编制管理制度的过程中，员工需要具备一定的专业技能。当员工接到编制管理制度的任务时，员工的第一反应可能是上网搜索相应的制度，责任心转强的员工可能在制度下载完成后结合企业实际进行调整，责任心较弱的员工可能直接将网上下载的制度提交至上级领导，上级领导可能直接审批通过并正式下发，实际上，该制度并不适用于企业。管理制度编制并不是非常困难，仅需要员工了解一定的技巧并加以练习，就能编制出逻辑结构清晰、可落地和可操作的管理制度。管理制度不需要华丽的辞藻堆砌，在编制过程中，我们始终要坚持的原则是"写你所做的，做你所写的"。

10.1 制度的概念

著名学者诺斯认为，制度是社会的游戏规则，更规范地讲，它们是为人们的相互关系而人为设定的一些制约。将社会替换成企业，这个概念同样适用，但并不是所有企业都需要制度来管理，制度是企业发展到一定阶段的产物。

当一家企业刚成立，员工人数较少时，企业内部尚未形成各项管理流程。企业的运作是建立在人与人的互相信任之上的，在这个阶段，可能一位员工身兼数职。企业内部的沟通也非常简单，沟通时效相对较强和沟通成本相对较低。当企业经过一段时间的发展，产品逐渐为市场所接受，企业的员工人数增加，企业内部也逐渐根据管理职能进行组织结构的划分，成立了销售部门、采购部门、财务部门、人事部门等职能部门。由于企业形成了专业化的职能分工，企业内部的一些管理事项可能需要各个部门的相互配合才能完成。流程随着企业的发展慢慢地出现了，跨部门的协作要求企业对流程参与部门、参与时间、主要职责等内容进行明确。在发展阶段，企业虽然进行了专业化的分工，但是企业各部门的员工数量仍然较少，各流程在所有员工中均有了约定好的规则，企业是靠着"潜规则"进行管理的。此时，企业内部的流程是隐性的，尚不需要通过制度的形式予以固化。

当企业业务进一步发展，促使企业内部分工更细、员工数量更多时，隐性的流程已经无法满足企业内部的管理需要。每位员工对隐性流程的知晓程度、理解程度的不一致造成了企业管理难度的上升。此时，企业内部就需要由相关部门作为该流程的归口管理部门，负责起草管理制度，通过将内部隐性的管理流程显性化，保证企业内部所有员工均按照企业的相关规定执行流程，提升企业的管理效率。

虽然制度对企业管理有着重要的作用，但是大部分中小企业的制度管理仍处于初级阶段。大部分企业的制度修订都是由事件推动的，而不是由体系推动的。事件推动是指当企业发生了管理失当，造成企业遭受了一定损失时，企业才针对此流程制定相应的管理制度。这种制度修订方式造成企业整体制度缺乏系统性。除了上述问题之外，在大部分中小企业中，制度管理一般还存在以下问题。

（1）制度未及时更新。

随着企业的发展，原有制度已经不再适用或很多流程都有了较大的调整，但企业并未明确制度管理的相关流程，导致几年前甚至 10 年前修订的管理制度仍处于使用状态。制度未及时更新导致企业的管理由"法治"阶段回到了靠"潜规则"执行流程的阶段，降低了企业的管理效率。

（2）制度存在冲突、重复。

企业由于职责划分不清，缺乏制度统一管理等造成了制度间存在冲突、重复的情况。冲突可能是两个部门都对同一流程进行了规定，但是两个部门的管理要求不一致；还可能是来自新老制度之间的冲突，制定新制度时未将老制度作废或者未对老制度的内容进行修订。制度存在冲突将会导致员工无所适从，不知道在实际的流程执行过程中应该参照哪项制度。

（3）制度内容过于模糊、内容"假大空"。

很多企业的制度条款过于模糊，未对管理要求和流程进行明确、精细化的表达。例如《现金管理制度》规定："财务部门应定期进行盘点工作。"对于该条款，使用该制度的人可能提出由谁来做盘点，什么时候做盘点，怎么进行盘点等问题。与制度内容有关的另外一个重要的问题就是内容"假大空"。很多企业制定制度时花费大量的篇幅去说明相关的管理原则，但是当流程未明确，无法进行实际操作时，往往是由企业最高决策者决定，而不会使用制度内规定的原则做决定。

（4）制度格式未统一。

很多中小企业未明确制度的归口管理部门，各部门独立负责制度的编制工作，导致企业内制度格式多种多样。有的按照章节目录的层级进行编制，有的用数字表示层级进行编制，字体、字号和段落等格式也不一致。有的制度关于企业和部门的称谓也存在错误。

10.2 制度管理的关键控制点

国家为了更好地管理各类法律法规出台了《中华人民共和国立法法》。同理，企业要管好企业的制度也需要建立制度管理制度，以明确制度的编制、审核、发布和修订流程，以及对制度模板进行规范。

制度管理需要明确制度的归口管理部门，制度的归口管理部门的职责包括制度管理制度的修订、内容审核、汇编和更新等。一般企业通常由质量部门或者行政部门作为制度的归口管理部门，成立了内部控制部门的企业应该由内部控制部门作为制度的归口管理部门。

制度应该由各流程的归口管理部门起草，起草完成后提交至部门负责人审核，审核通过后应将制度初稿提交至制度的归口管理部门进行审核。制度的归口管理部门主要审核该制度是否符合企业对制度的格式要求、表述要求，是否与其他管理制度冲突、重复。在监管力度较高的行业，如金融、化工或者电商等行业，部分制度在制度的归口管理部门审核完成后还需提交至法务部门审核，法务部门主要审核该制度的内容是否符合国家相关的法律法规。若该制度涉及多个部门，则由制度的归口管理部门召开专题讨论会，对制度内容进行沟通讨论，并根据其他部门的反馈意见进行修改，修改完成后提交至各相关部门进行最终审核，审核通过后提交至企业管理层审批。在制度管理流程执行过程中，企业需要关注以下两点。一是制度的归口管理部门承担了制度的审核工作，主要是判断制度是否与其他制度存在冲突、重复。这就意味着制度审核人必须非常了解企业内部的所有流程和制度，企业里一般很难找到符合这种职能要求的员工。二是部分制度由于参与部门众多，制度的归口管理部门在制度起草时无法对其他部门主导的环节进行规范。此时制度的归口管理部门应从制度编制者的角色转变为制度编制组织者的角色，首先制定制度框架，明确主要流程；其次组织相关部门进行框架沟通，沟通无误后由各部门负责编制部门对应内容；最后由制度的归口管理部门汇总并进行最终修订。

制度的审批权限根据制度层级的不同而不同，企业的制度文件一般分为 3 级。根据企业章程规定，企业的基本管理制度需要提交至企业董事会审批，《中华人民共和国公司法》未对基本管理制度下达明确的定义，因此基本管理制度由各企业根据实际情况在企业章程中进行约定。由于基本管理制度的最终审批权限在董事会，建议企业将所有制度中涉及董事会审批事项的制度均列在基本管理制度范围之内。基本管理制度属于第一层级制度，第二层级制度为一般管理制度，第三层级制度为操作实施细则。一般管理制度是对企业管理流程进行规范的文件，如采购管理制度等。区别于基本管理制度，一般管理制度一般提交至企业总经理或者总经理办公会审批。操作实施细则主要是对一般管理制度内的部分环节进行操作层面的规范。例如供应商管理制度作为第二层级制度，对供应商的准入、日常管理、评价和退出进行规范。针对供应商评价的具体指标和方式，企业应制定《供应商准入与评价实施细则》，对该流程进行更细致的规范。

当制度经过审批之后，制度的归口管理部门应该将制度通过发文或者通知的形式发送至全体员工，与员工利益相关的制度还需要相关员工确认知晓制度内部的管理流程并签字，以避免事后企业依据制度对员工进行处罚或者开除时承担劳动法律风险。

制度的归口管理部门应每年对企业的所有制度进行评估，并根据评估结果对现有制度提出拟定、修改、合并或者废止的建议，以保证企业的制度与企业的现状相适应。此外，对于组织架构变动、流程变化等造成的流程修订，流程的归口管理部门也应该主动对管理制度进行修订，并执行制度修订的审批流程。

制度发布后，制度的归口管理部门应该对相关员工进行培训，对制度的结构和关键点进行介绍，以保证制度执行的效果。只有建立科学、完整的制度管理体系，才能保证企业制度的整体有效性。

10.3 制度的编制方法

一份逻辑清晰、表达准确的制度一般由总则、正文和附则3部分组成。制度的总则部分一般是对制度编制的目的、适用范围、定义和制度内涉及部门职责进行明确约定。其中，定义部分需要对制度规范的内容进行准确定义，例如资产管理制度需在定义中明确资产的范围，采购管理制度需在定义中明确采购的范围。准确的定义是制度有效执行的保证。制度内涉及部门职责主要是指对制度的归口管理部门、执行部门或者参与部门的职责描述。

制度的正文部分是整个制度的核心，一项优秀的制度需要从结构逻辑和内容描述两部分予以规范。首先，企业需如第3章至第8章所述的内容进行流程划分，包括一级流程、二级流程和三级流程。企业一般将二级流程作为制度的编制维度，三级流程作为制度内逻辑结构的划分，有时也会将三级流程作为制度编制的对象。制度编制者在编制制度之前应该列出该制度所需规范的二级流程和三级流程。三级流程的划分没有统一的标准，制度编制者可以自行决定划分方式，按事项的类别、按流程执行顺序或者按其他逻辑方式划分均可。例如，对于供应商管理制度，三级流程一般按照流程执行顺序进行划分，包括供应商准入、供应商日常管理、年度供应商评价和供应商退出等。

　　同时企业应在制度整体逻辑结构确定的基础上完善每一个三级流程中的各项条款。除了整体逻辑结构之外，每个章节内部也应遵循一定的逻辑，执行"先管理要求，后流程描述"的原则。管理要求在英语里一般表示为 Policy，是指企业管理者对该流程的管理思想和管理手段。流程描述在英语里一般表述为 Procedure，主要是事项执行顺序的文字性描述。以供应商管理制度中的供应商准入为例，管理要求可能包括如下内容。

　　（1）企业采购部门应积极开展供应商寻源，不断发掘优秀的潜在供应商，以降低企业的原材料供应风险。采购部门每季度应至少完成一个主要原材料的潜在供应商准入工作。

　　（2）企业应实行战略供应商管理，已有供应商未发生重大质量问题或者未出现供应不及时等事项，采购部门不得更换供应商。

　　不同的企业对某一管理要求可能因为企业所处行业、经营模式和管理模式的不同而完全不同，制度编制者只有结合企业的实际情况才能编制出切合企业实际的管理制度。这也说明了从网络上下载的各项管理制度的适用性较差。但是在制度编制过程中，制度编制者可以参考网络上的各项制度对管理要求的规范，保证自己在编制过程中不遗漏。供应商准入的管理要求可能包括供应商寻源的数量要求、供应商寻源的渠道、潜在供应商的基本资质要求等。

流程描述是对该流程执行的详细的文字描述，制度编制者在具体编制时可运用 5W1H 的方法，以保证流程描述是可执行、可落地的。5W1H 包括 Who（参与者是谁）、What（做什么）、Where（在哪里做）、When（什么时候做）、Why（为什么做）和 How（怎么做）。仍以供应商准入流程为例，有的制度将其描述为"采购部门认为有需要时应组织相关部门对潜在供应商进行现场考察，考察完成后将考察结果提交至企业领导审批。"此段流程描述运用了大量含糊不清的表达并且缺失了流程描述的部分关键要素，流程描述的阅读者看完之后无法了解供应商准入流程的具体含义。建议将该流程描述修改为"为了保证潜在供应商的能力符合企业要求（Why），初步审查完主要材料供应商的资质后（When），采购部门应组织生产部门、质量部门、财务部门和研发部门共同组成供应商现场考察小组（Who），到供应商的生产现场（Where）对潜在供应商的能力进行现场考察（What），并对供应商的生产能力、质量能力等参照《供应商准入评分标准》进行评价，采购部门汇总评价结果并编制《供应商准入评价表》，经参与部门审核确认之后提交至企业总经理审批（How）。"

在制度编制过程中，制度编制者最容易犯的一个错误就是用词模糊不清。制度编制者频繁在制度中使用"相关领导""定期"等描述性词汇。此类描述无法指导流程的实际开展，仅当该制度是为了满足实际存在的问题时可使用。当第三方进行检查时，此类描述保证了企业存在较大的解释空间。

制度正文部分之后一般会添加附则作为正文的结尾，附则包括制度的生效日期、原制度的作废日期，以及制度的解释部门。

通常一份制度文件如果按照上述要求编制，便已经完成了 70% 的工作量，为了使制度使用者更快、更准确地了解制度内容并参照制度执行，每一项制度还需要有配套的流程图与表单。流程图是将制度内的管理流程通过 Visio 等软件绘制成易于阅读的形式，流程图有助于制度使用者简单直观地了解管理流程，并能在制度正文中快速定位。表单是实现流程落地的工具，表单内的要素保证了流程的落地效果。

除此之外，如前文所述，企业并不一定需要编制内部控制手册，若企业为满足监管要求必须编制内部控制手册，可以选择在制度内加入控制矩阵以替代内部控制手册。每一份制度还需要制作封面，封面对制度标题、编制人、校对人、审核人、版本号及修订记录等内容进行记录。

10.4 企业整体制度评价模型

成熟企业的制度一定是体系化的，而不是补丁式的。在进行制度编制前，建议企业参照制度评价模型对制度整体进行评价，以了解制度的整体情况。

企业整体制度评价模型主要从 3 个维度对制度进行评价，分别是管理程序、制度体系和制度单体。

（1）从管理程序角度出发评价企业整体制度的保障，即 10.2 节所介绍的管理制度。管理程序主要从明确性、合理性、修订及时性 3 个维度进行评价。

明确性指制度管理责任主体明确，管理权限清晰。其评价重点在于企业是否明确了制度的归口管理部门、制度修订部门、制度参与审核部门及制度审批人的职责与义务，是否明确了各类制度的审批权限等。

合理性指制度管理流程合理并经有效执行。企业根据前文所述的制度管理流程进行流程的设计，并在日常管理过程中有效执行通常就能够保证管理程序的合理性。

修订及时性指对制度进行定期评估和更新。修订及时性是制度管理流程中比较重要的一点，企业一般每年都会根据实际情况对已有制度进行修订。评价时可统计现行制度的发布时间，若超过90%的制度均在1~2年内发布，则代表企业对制度修订得较为及时。

（2）从制度体系角度出发，这是对企业整体制度管理情况而言最为重要的要素。制度体系主要从全面性、系统性和独立性3个方面对制度进行评价。

全面性指制度覆盖企业职能管理的各个环节。通常企业的制度体系均会按照一定的逻辑框架搭建，以保证企业制度体系的全面性。在实际操作过程中，企业主要使用以下几类逻辑框架：①按照内部控制体系框架建立制度体系；②按照制度功能进行制度划分，如基本管理制度、业务管理制度、综合行政类管理制度、财务类管理制度等；③按所属责任部门进行制度划分，包括财务部门制度、采购部门制度和销售部门制度等。在制定制度框架时，建议企业将内部控制框架作为制度编制框架，因为随着内部控制理论的完善和企业运用能力的不断增强，内部控制框架能较大程度地保证制度体系的完整性。

系统性指制度文件之间形成较强的关联和支撑关系。企业的所有制度不是孤立存在的，系统性要求各个制度之间要存在较强的衔接关系，制度与操作细则之间要有较强的支撑关系，缺少对应的操作细则将会导致制度难以落地。但是系统性评价是整个制度体系评价中最难的一点，评价人需要对企业的流程较为熟悉才能发表客观的评价意见。

独立性指各层级制度之间不交叉、不重叠、不矛盾。独立性与系统性相对立，独立性要求企业对某一管理事项只编制一个制度。影响制度独立性的原因包括：①流程的归口管理部门不清，例如，行政部门编制了固定资产制度对固定资产管理流程进行规范，财务部门根据管理需要在《财务管理制度》内也提及了固定资产管理流程，双方对该流程的描述不一致；②部门针对某一管理流程制定了实施细则，实施细则的内容与管理制度之间存在冲突；③旧制度未及时作废，或新制度未明确旧制度的作废时间，导致新旧制度之间存在冲突。

（3）从制度单体出发，这是对每个单一制度内容进行评价，主要从规范性和可操作性进行评价。

规范性指制度合法合规、内容完整、层次清晰、文字准确、格式标准。很多企业的制度格式五花八门，字体、大小、层次不一致。具体的评价要求可参照 10.3 节的内容。

可操作性指制度主体明确、流程明确、权责清晰。验证可操作性最为简单的一种方式是在制度编制完成后，邀请不参与该制度的第三人通读该制度并由其对制度的可操作性进行评价。

第 11 章 | 内部控制自我评价的思路和方法

　　根据监管机构的要求，上市企业需每年进行内部控制自我评价并编制自我评价报告。除了上市企业被强制性地要求对内部控制进行定期评价外，其他企业很少对内部控制或者管理制度的运行状况进行定期评价。花了非常大的精力和资源建立了内部控制体系后，企业在日常执行过程中不注重内部控制的闭环管理会降低内部控制的运行效果。本章主要结合中小企业的管理现状进行编写，用于对中小企业内部控制进行评价或者对企业制度管理发表意见。

　　内部控制评价是对内部控制运行的有效性发表意见，有效性包括内部控制的设计有效性和执行有效性。其中内部控制的设计有效性是指实现控制目标所必需的内部控制要素都在内部控制体系中存在并且设计恰当；内部控制的运行有效性是指现有内部控制按照规定程序得到了正确执行。评价内部控制的有效性时，企业应当着重考虑以下几个方面的内容。

　　（1）相关内部控制在评价期间是如何运行的。

　　（2）相关内部控制是否得到了持续、一致的运行。

　　（3）实施内部控制的人员是否具备必要的权限和能力。

11.1 内部控制自我评价方案制定

内部控制自我评价一般由内部控制的归口管理部门执行。设立内部控制部门的企业由内部控制部门牵头组织进行，未设立内部控制部门的企业一般由制度归口管理部门牵头组织进行。内部控制自我评价实施前，内部控制自我评价牵头部门应编制内部控制自我评价方案，对内部控制自我评价范围、抽样标准、缺陷认定标准、评价项目组组成方式等进行确定。

11.1.1 内部控制自我评价范围选择

内部控制自我评价范围的选择主要包括两个方面，一个是对法人实体的选择，另一个是对评价流程的选择。对于单体企业，由于不涉及分支机构或者下属子公司，企业仅需将自身作为评价对象。但是当企业规模较大，拥有较多的子公司或者分支机构时，企业需在每年执行内部控制自我评价时选择被评价对象，通常从财务重要性和业务重要性两个方面来选择。选择的本部加子公司的收入或净资产指标要占企业整体的 85% 以上才能符合相关监督机构对上市企业的要求。另外，一些财务占比不高，但是对企业整体发展较为重要或者整体经营风险较高的子公司也要纳入内部控制自我评价范围。对于被评价流程的选择，由于单体企业评价工作量在可控制范围内，建议企业每年对所有的内部控制流程进行评价，以发现潜在的内部控制执行上或者设计上的缺陷。大型集团或者企业则要根据不同子公司的业务特点和固有风险情况，合理选择被评价流程，并且保证两年内评价范围涵盖所有的流程。

11.1.2 抽样标准和缺陷认定标准制定

抽样标准制定通常参考财务报表审计过程中对抽样数量的要求，一般按照事项的发生频率来确定抽样数量，抽样数量对应表如表 11-1 所示。

表 11-1　抽样数量对应表

控制运行频率	控制运行总次数	测试样本量
每年	1 < 一年发生次数 ≤ 2	1
每季	2 < 一年发生次数 ≤ 4	2
每月	4 < 一年发生次数 ≤ 12	2
每周	12 < 一年发生次数 ≤ 52	5
每天	52 < 一年发生次数 ≤ 365	20
每天多次	365 < 一年发生次数	25

上市企业需要制定财务报表相关的缺陷认定标准和非财务报表相关的缺陷认定标准，一般企业会参考同行业的上市企业的标准。非上市企业没有必要制定缺陷认定标准，内部控制自我评价发现的管理缺陷提交至企业负责人决策并落实整改意见即可。目前的风险管理理论和技术尚不支持传统企业对每一个识别出的内部控制缺陷的潜在风险进行准确的评价和量化。一般上市企业的内部控制缺陷认定标准如下。

定量标准主要从财务指标的角度对缺陷的潜在损失进行估计，并根据划分结果将缺陷划分为重大缺陷、重要缺陷和一般缺陷 3 种类型。企业可以挑选适合的财务指标和比例作为定量标准，缺陷认定标准如表 11-2 所示。

表 11-2　缺陷认定标准

缺陷等级	定量标准
重大缺陷	潜在错报大于等于营业收入的 0.5%
重要缺陷	潜在错报大于等于营业收入的 0.1%，小于营业收入的 0.5%
一般缺陷	潜在错报小于营业收入的 0.1%

定性标准是指当企业发生以下现象时，则可能表明企业存在以下各类缺陷。

重大缺陷的定性标准如下。

（1）董事、监事和高级管理人员存在舞弊行为，严重影响企业规范运作。

（2）企业因重大差错等原因更正已经公布的财务报表。

（3）外部审计发现当期财务报表存在重大错报，而内部控制在执行过程中未发现该错报。

（4）审计委员会和内审部门对内部控制的监督无效。

重要缺陷的定性标准如下。

（1）对非常规或特殊交易的账务处理没有建立相应的控制机制或没有实施且没有建立相应的补偿措施。

（2）对期末财务报告编制过程的控制存在不能合理保证财务报表真实准确的缺陷或多项缺陷的组合。

一般缺陷的定性标准如下。

不构成重大缺陷或重要缺陷的其他财务报告内部控制缺陷。

非财务报告相关的定量标准通常与财务报告相关，即潜在损失到达了一定标准之后就会被识别为对应的缺陷。但是定性标准存在不同，下面主要讲解定性标准，除上述描述外的为一般缺陷。

重大缺陷的定性标准如下。

（1）企业违反相关法律法规，影响了企业的正常经营。

（2）以前年度发生的重大缺陷未及时进行整改。

重要缺陷的定性标准如下。

（1）发生严重的环境污染事件。

（2）以前年度发生的重要缺陷未及时整改。

11.1.3 评价项目组组成方式

虽然内部控制自我评价是由企业内部组织并执行的，但并不意味着内部控制流程的执行人可以对自己所负责的流程进行评价。如果企业内部控制或者内审部门的力量比较强，则可以由内部控制或者内审部门自行组织开展内部控制评价工作。如果企业内部控制或者内审部门的力量比较薄弱，现有的人员配置无法满足内部控制自我评价的要求，则由内部控制或内审部门牵头组成联合评价工作小组。工作小组应该由各个部门的业务骨干组成。在分配具体的内部控制自我评价任务时，应尽量避免自己评价自己所负责的流程的情况，也要尽量避免有互相依存关系的流程的执行人互相评价的情况。如果企业愿意支付一定的费用，将内部控制自我评价工作外包给专业的咨询机构也是一个比较好的选择。

11.2 内部控制自我评价实施

《企业内部控制评价指引》（以下简称为《指引》）第五条到第十一条介绍了内部控制评价的内容，包括内部环境、风险评估、控制活动、信息与沟通和内部监督五要素。财政部会计司解读《企业内部评价指引》的附件还提供了评价检查表供企业使用。该《指引》和《指引》解读的要求仅适用于上市企业，对一般中小企业的内控评价工作没有较大的参考价值。中小企业在内部控制自我评价的实施过程中需要重点关注评价底稿准备、现场评价过程、缺陷认定3个阶段。

11.2.1 评价底稿准备

内部控制自我评价是对内部控制的运行有效性发表意见。内部控制的表现形式并不一定是一本内部控制手册，可以是企业管理制度、信息系统内流程，甚至是约定俗成的"潜规则"。受限于自我评价的人力、财力和物力，企业开展的每一次自我评价工作不可能对所有管理流程都进行评价。在编制内部控制自我评价方案时，企业应根据自身的经营特点和潜在风险等因素确定重点评价环节，评价底稿的编制则是细化各重点评价环节的评价点。内部控制自我评价不仅要对内部控制的设计有效性和执行有效性发表意见，还需要对管理要求的执行情况发表意见。在设计评价底稿时，企业应将流程描述和管理要求共同作为该流程的评价点。例如，对于供应商准入流程，评价底稿应这样描述：从今年新准入的合格供应商名录内，抽取供应商准入资料，检查供应商资格是否符合企业要求，供应商准入是否符合企业需具有3家潜在供应商的要求，供应商准入是否经过审核审批。合理、完善的评价底稿将提高内部控制自我评价的执行效率，也可以降低对内部控制自我评价参与人员的专业要求。

11.2.2 现场评价过程

现场评价过程是内部控制自我评价项目组成员至各流程负责部门现

场进行调研的过程。现场评价主要采取的方法有个别访谈法、调查问卷法、穿行测试法、抽样法、实地查验法、比较分析法、专题讨论法。

　　个别访谈法是内部控制自我评价人员快速了解企业内部控制管理现状的方法之一。访谈前，访谈人员应根据访谈对象编制访谈提纲。访谈过程中，访谈人员应记录访谈内容并将关键信息填入访谈底稿。

　　调查问卷法在内部控制自我评价实施中较少使用，一份优秀的调查问卷的问卷内容设计、问卷分析等都需要专业人士参与完成。企业一方面没有实行调查问卷法的专业人员，另一方面内部控制自我评价的实施建立在评价人员对企业有着一定了解的基础上，调查问卷法并不适用。

　　穿行测试法是了解内部控制和测试其设计有效性的方法之一。穿行测试是指在内部控制流程中任意选取一笔交易作为样本，追踪该交易从起源到最终在财务报表或其他经营管理报告中反映出来的过程，即该流程从起点到终点的全过程。例如，对于采购流程测试，抽取一笔交易，追踪其从采购计划、请购单、采购订单、验收单、付款单，最后到财务入账的整个过程。

　　抽样法分为随机抽样和其他抽样。随机抽样是指按照随机原则从样本库中抽取一定数量的样本。其他抽样是指由人工指定或者使用其他方法从样本库中选取样本。内部控制自我评价人员一般使用随机抽样。执行随机抽样时，内部控制自我评价人员需要保证样本集合的完整性，若是被评价部门刻意不将有偏差的样本纳入样本集合，最终抽样的结果将不能反映真实的内部控制管理情况。当企业信息化程度较高时，内部控制自我评价人员可以将信息系统内的台账作为样本集合，因为一般信息系统数据无法轻易删除或者篡改。一个管理流程中仅需要保证一个关键控制点的样本集合的完整性，即可参照该集合随机抽取其他关键控制点的相关资料。当企业信息系统不完善时，内部控制自我评价人员应该尽可能选择可靠的样本集合作为抽样对象，一般可以参考会计账务处理记录来进行选择。但并不是所有关键控制点涉及的流程均与财务报告相关，若无法参考会计账务处理记录确定样本集合，只能选择被评价部门提供的各类台账。但是此时抽样法的实行效果可能存在问题。

实地查验法主要通过将统一的测试工作表与实际的业务、财务单证进行核对的方法来进行内部控制评价。例如实地进行存货盘点或者现金盘点等。

比较分析法是指通过数据分析，识别潜在问题的内部控制评价方法。数据分析可以将实际数据和预算数据、历史数据、行业最佳实践数据相比较。

专题讨论法是指集合有关专业人员就内部控制执行情况或控制问题进行分析。专题讨论法既是内部控制自我评价的手段，也是形成缺陷整改方案的途径。但是在实际评价过程中，内部控制自我评价人员较少使用这种方法。

在评价实施过程中，内部控制自我评价人员应该熟练运用个别访谈法、穿行测试法、抽样法，辅以实地查验法开展现场评价。

11.2.3 缺陷认定

现场评价完成之后，除了上市企业需要按照既定的缺陷认定标准进行缺陷认定外，其他企业完成现场评价后，仅需将发现的所有问题汇总整理并提交至企业管理层认定。缺陷认定完成后，内部控制自我评价人员应与各责任部门沟通确认整改方案和整改完成时间，并定期对缺陷整改情况进行跟踪检查。上市企业应根据内部控制评价报告的格式编制评价报告，经企业董事会审议通过后对外披露。

第 12 章 | 数字化时代下的内部控制

云计算、区块链、大数据和 RPA 技术等信息技术的飞速发展逐渐改变了企业的管理模式，也改变了企业在经营过程中所面临的各类风险。风险的变化导致企业原有的内部控制措施已经不再适用。同时，信息技术的发展也改变了内部控制。因此，随着信息技术的飞速发展，企业建立与之相匹配的内部控制体系成了当务之急。

12.1 数字化对内部控制的挑战

数字化对内部控制的挑战源于两方面，一方面，数字化改变了企业的管理模式，使得企业原先面临的风险发生了较大的变化；另一方面，数字化改变了内部控制，如控制活动的方式等。这些变化均对企业的内部控制体系建设带来了巨大的挑战。

内部控制的目标是合理保证企业经营活动合法合规、资产安全和财务报告及相关信息真实完整等。在风险识别与评估的基础上，企业需要设计有效的控制活动应对所识别的各类风险。常见的控制活动包括不相容职务分离、授权审批控制、预算控制等7类。随着信息技术的飞速发展，7类控制活动也应该进行一定的调整。

（1）**不相容职务分离。**

传统的不相容职务分离主要指的是不相容岗位的分离，各部门或同一部门不相容职责的相关人员在岗位上相互制约，在工作过程中互相监督，并保证相关权力的制衡。但是随着信息技术的发展，大部分业务流程均通过信息系统流转执行，不相容职务由传统的不相容岗位的分离演变为了信息系统内相关权限的不相容职责的分离。由于信息系统操作日志可追溯、可审计，企业可以通过事后的监督及时发现信息系统内的非合规操作。

（2）**授权审批控制。**

信息技术的大规模运用使授权审批模式发生了重大变化。首先，线上办公系统、视频会议、快速扫描和文字识别技术在企业内大规模运用，原有的通过纸质表单进行审批的审批模式几乎完全消失。新技术的运用使企业脱离时间和空间的限制正常运转，摆脱办公时间和地点的束缚，增强了企业内部控制的流动性和灵活性，形成了新型的授权审批模式。其次，通过对业务数据的深入挖掘和分析，原有的通过人工实现授权审批控制的控制点通过企业对风控规则的提炼，实现从人工控制向系统自动控制的转变，大幅度地提高了管理效率。例如，对于销售订单的审核审批，审核审批人主要对订单合理性、折扣合理性等进行审核，信息系统通过对销售数据进行分析建立销售订单风控规则；对于满足风控规则的销售订单，直接跳转生成发货通知单，由仓库组织发货；对于不满足风控规则的销售订单，则由人工介入进行处理。

（3）预算控制、经营分析控制和绩效考核控制。

随着信息技术的运用，预算分析和经营分析等已经从事后分析逐步向业务流程前端发展。管理层可以运用生产、采购、销售、投资、融资和财务等各方面的数据，及时地将财务数据和非财务数据进行整合挖掘，对企业经营情况进行实时监控和分析。经营分析监控能力较强的企业可以通过实时监控发现经营上的偏差。借助大数据技术优秀的分析能力，企业通过因素对比、趋势对比或者多元回归分析等方法，能够及时了解数据异常的原因并提出改善方法。如前文所述，优秀的预算控制、经营分析控制和绩效考核控制等检查性控制手段的应用可以适当减少预防性控制措施的数量。员工可以获得更大的授权，以便快速决策，快速应对市场的变化，最终实现企业的绩效提升，从而保证企业进入良性循环。

（4）会计系统控制。

RPA 技术的运用已经在一定程度上减轻了财务人员的基础核算负担，有的大型企业的财务共享中心已经实现了 98% 的账务由系统自动过账，从而保证了财务报表的准确性，也达到了较高的业财一体化水平。手工记账不便、效率低下和时间延误等问题基本不存在。有的企业可以在当月 1 日准确地出具上月报表，而在手工记账时代，当月 15 日都不一定能完成上月报表的编制工作。此外，区块链的运用也将改变会计控制。由于区块链基本上是一个无法更改和销毁记录的账本，若一家企业选择将其所有交易记录逐项登记在区块链上，有业务需要的工作人员均能实时在区块链上获取该企业的相关财务信息。区块链在很大程度上减小了注册会计师对财务报表的准确性进行确认的工作量。基于区块链数据不可被篡改的特性，由不信任导致的财务报表失真问题也将基本不存在。

信息技术的发展除了改变了内部控制本身之外，也改变了企业原本固定的内部控制运行模式和现有内部控制活动的方式和重点。

网络银行、电子承兑汇票、银企直连和 RPA 机器人技术使财务管理中大量重复的工作由人工执行变为系统自动执行，直接使企业面临的很多财务相关风险消失了。在费用报销管理方面，目前大部分费用报销系统均能与各大订票平台、酒店预订系统或者互联网采购平台等建立接口。企业员工在费用报销方面不再需要收集发票、粘贴发票并且等待漫长的报销周期，能将更多的时间用于企业的价值创造过程。从企业角度来看，由处理多笔结算和费用报销演变成了一次对账、一次入账、一次支付的流程，大大地降低了经营管理过程中的风险。

有些企业开发了供应商或者经销商使用的信息系统客户端，供应商或者经销商可以在系统内下达订单、查询库存或采购进度、发货或者进行验收管理及与发票相关的管理。一方面，信息系统的应用将本应由企业内部员工操作的流程交由外部人员执行，将员工从烦琐、非增值的流程中解放出来；另一方面，经过外部人员处理的信息的可靠性高于仅在企业内或者部门内流转的信息，信息的充分流转进一步降低了发生舞弊行为或者产生错误的风险。

若干年前，各类管理的最佳实践均是对管理方法或者管理流程的优化，以提高企业的管理水平。但是近年来，各行各业的最佳实践均离不开信息技术的影响。企业中还有许许多多的通过信息技术提高经营效率、降低经营风险的实例，无法通过列举的方式予以穷尽。无论企业规模大小如何，希望企业的各层级人员均充分关注行业或者企业管理方面的技术变革，并选择适合企业特点的信息技术予以运用。

12.2 企业数字化应对

为了应对数字化给企业带来的挑战，提高企业的经营效率，提升企业的经营效果，各企业应在信息系统升级、员工技能培养等方面采取措施，积极拥抱企业数字化变革。大型企业的实践已经证明，数字化变革将显著提升企业的经营业绩。但是对中小企业而言，由于受到成本制约和人员素质制约，其无法像大型企业一样实行全面的数字化变革。但是在竞争日益激烈的当下，中小企业若不进行任何数字化变革，其最后一定会被时代所淘汰。因此，建议中小企业建立以数据治理为核心的数字化变革策略，建立相应的数据采集、分析流程，并在资金允许的前提下运用信息系统提高数据管理的效率和准确性。

除了应对数字化变革外，数据管理本身对中小企业的发展也有着重要的战略意义。当企业发展到一定阶段的时候，内部流程会越来越精细，产品会越来越复杂，原有的数据收集、记录、分析体系已经无法满足企业日常经营的管理的需要。中小企业应在快速发展过程中建立数据精细化管理体系，为日后发展打下扎实的基础。中小企业实行数字化变革具有实施成本低、实施阻力小和实施空间大等优势。

大多数中小企业的数据量不是很大，从零开始的数字化变革成本将远低于未来企业发展到一定阶段，拥有了大量数据之后的数字化变革成本。企业将数据化的意识融入管理，在未来很长一段时间内进行完善，容易被员工接受，减少数字化变革的阻力。大多数中小企业的数据管理也在发展和完善中，数据的治理、整合及搭进报表体系、分析指标体系等工作尚未起步。企业可以根据现状并结合战略目标，灵活地制定数据管理方式。

大部分中小企业的数据管理基础较差，主要体现在以下3个方面。一是财务数据基础差。财务数据作为企业经营管理的基本数据。对于企业来说至关重要，但是大部分中小企业存在成本核算不清、库存数据失实、费用数据记录不完整等问题。二是业务数据基础差。业务数据不完整、数值指标不完善，数据与财务口径不一致，各部门报表众多且数据相矛盾等造成企业没有真实的相关数据或数据杂乱无章。三是数据利用能力弱。大多数中小企业因数据分散而难以进行数据整合，因技术门槛过高而难以实现数据的价值呈现。企业内的已有数据成了无人挖掘的"宝藏"。

虽然有一些中小企业已经意识到数字化变革的重要性，但是在实施过程中还是存在较多的难点。一是缺少方法支持。如何在成本可控的前提下设计出适合企业执行的数据管理方案成了中小企业需要考虑的首要问题。二是缺少人员支持。中小企业需要考虑如何保证员工了解数据管理的目的，培养员工数据管理的意识，并在后续的工作中主动运用数据指导自己的工作。三是缺少系统支持。中小企业需要考虑如何运用较低的成本达成数据管理的目标。

中小企业数字化变革是一个系统化的工程，除了财务数据需要精细化管理之外（详见本书财务管理部分），业务数据同样需要精细化管理。利用字段甄别、梳理和完善数据是业务数据精细化的基础工作。企业应从各类评价指标出发、识别各类条件下的驱动要素，最终根据企业自身的经营特点，建立合适的字段体系。根据性质的不同，字段可以分为基础字段、统计字段和评价字段。基础字段描述了目标对象的基础属性，包括所有业务流程中的数据，记录和反映了业务的客观事实。统计字段是将基础字段加工处理后的字段（如汇总／同类比较等），体现了业务经营的统计结果。评价字段是对被评价对象的衡量与评估，洞察了业务的发展状况。

字段体系建立后，企业需要将字段与流程相结合，以保证数据的真实性、完整性。在字段体系建立的基础上，企业应根据自身的经营特点将主营业务细分至每笔交易，并明确该交易的适用字段。其主要步骤：①对流程进行全面梳理，细化至操作节点；②梳理字段及各类报表对数据的需求，形成作业字段全景；③确定各流程节点产生的字段，得到流程字段全景。流程字段全景如图 12-1 所示。

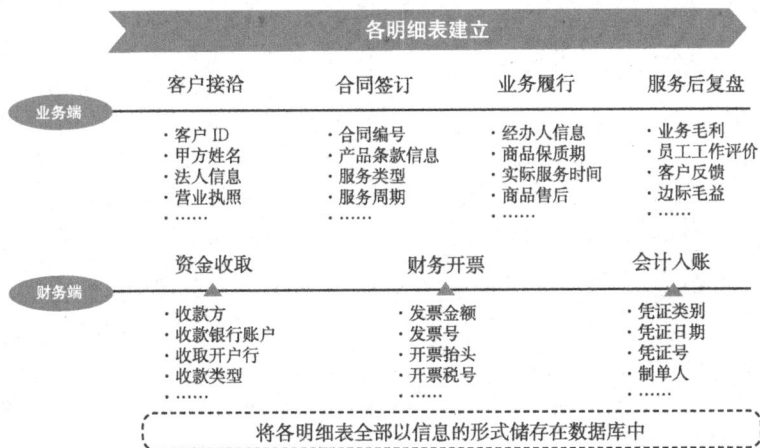

图 12-1 流程字段全景

一般企业的数据管理主要有 4 个阶段，包括描述、诊断、预测和指导。描述回答的是"我的企业发生了什么？"企业通常具备简单的数据分析能力，可以满足日常的管理需求，但要求数据是综合的、广泛的、实时的、精确的。诊断回答的是"为什么我的企业发生了这些事情？"企业需要透过表象不断地深入挖掘、分析，最终探寻出隐藏在数据背后的原因，并有针对性地进行改进。预测回答的是"我的企业将要发生什么？"企业需要通过大量的数据和先进的算法去模拟预测未来的企业经营结果。指导回答的是"我需要做什么？"企业需要基于对未来的预测，对现在的行为进行指导，通过数据分析来确定现在可以采取的行动、措施。

希望中小企业都尽力在数字化变革的道路上越走越远，并且随着历史数据的积累和持续运用，中小企业可以逐步使用历史数据建立算法模型对未来进行预测，真正地建立数字化内部控制体系。